ÉTUDES MONTAIGNISTES
sous la direction de Claude Blum
32

L'Ontologie de la contradiction sceptique
Pour l'étude de la métaphysique des *Essais*

Cet ouvrage a été publié pour la première fois en 1998
dans la collection *Études montaignistes* dirigée par Claude Blum.

Jan Miernowski

L'Ontologie de la contradiction sceptique

Pour l'étude de la métaphysique des *Essais*

PARIS
CLASSIQUES GARNIER

Jan Miernowski, professeur à l'université de Wisconsin-Madison, est spécialiste de la littérature française du XVIe siècle. Ses travaux s'intéressent à l'influence de la théologie négative sur la philosophie et la poésie de la Renaissance. Nous lui devons *Le Dieu Néant. Théologies négatives à l'aube des temps modernes* (Leiden, 1998) et l'édition critique des œuvres poétiques de Jacques Peletier du Mans (Paris, 2005).

Réimpression de l'édition de Paris, 1998.

ISBN 978-2-406-13261-5 (livre broché)
ISBN 978-2-8124-5596-4 (livre relié)
ISSN 0986-492X

dla Marysi

REMERCIEMENTS

En travaillant sur cette étude, j'ai bénéficié de l'aide et des conseils de plusieurs collègues. Je voudrais remercier particulièrement mon ami, Ullrich Langer, pour nos nombreuses discussions sur Montaigne, souvent passionnées et toujours instructives. Ma profonde gratitude va aussi à Jean Céard, François Cornilliat, Gérard Défaux, Marie-Luce Demonet et François Rigolot, amis seiziémistes qui ont lu différentes versions et fragments de ce livre, de même qu'à Messieurs Gilbert de Botton et Michael A. Screech qui ont bien voulu m'aider dans mon travail de documentation. Je suis redevable à Philippe Desan, Ullrich Langer et Ellen Ginsberg qui ont bien voulu m'inviter à présenter mes vues sur Montaigne lors du colloque organisé à la Newberry Library de Chicago en 1992, ainsi que pendant la Convention de la Modern Language Association de 1995.

Je voudrais dire toute ma gratitude à John Dillon, excellent érudit, vrai passionné des livres, et bon génie de la Memorial Library de l'Université du Wisconsin-Madison. Je suis de même redevable à mon Département et à la Graduate School de cette même université, pour m'avoir créé d'excellentes conditions de travail et pour m'avoir aidé financièrement dans mes recherches. Je remercie Sue Grass-Richard and Bruno Browning pour leur assistance technique dans la préparation de ce livre.

AVANT-PROPOS

Le titre de cette étude désigne directement l'objectif qu'elle vise:
- "l'ontologie de la contradiction sceptique", car il s'agit de mettre en lumière la conception de l'être qui sous-tend la contradiction inhérente au scepticisme montaignien;
- "pour une étude de la métaphysique des *Essais*", car ce livre propose d'examiner non point la pensée du philosophe, mais le sens philosophique du discours même de l'essayiste.

L'analyse de l'ontologie qui conditionne le scepticisme de Montaigne aborde - respectivement dans les chapitres II, III et IV - le problème de l'Etre absolu, celui de *notre* être humain et celui du "moi". Le chapitre initial, en revanche, est consacré à l'importance des contrariétés et des contradictions dans les *Essais*, de même qu'à leur rôle dans la polémique sur le scepticisme qui précéda et qui suivit l'œuvre de Montaigne. Conformément à la perspective adoptée, et qui semble convenir à la place accordée aux problèmes ontologiques dans les traditions anti-rationalistes du moyen âge et de la Renaissance, la contradiction sera envisagée dans sa portée métaphysique, et non seulement parmi ses répercussions épistémologiques ultérieures. La théologie négative de Nicolas de Cues et de Denys l'Aréopagite servira à justifier historiquement une telle approche, de même qu'à lui fournir les instruments conceptuels utiles à la lecture des *Essais*.

Cette tradition philosophique particulière ne doit pas être cependant traitée comme une "clef" interprétative de la pensée de Montaigne. Elle fournit plutôt les outils intellectuels qui avaient pu contribuer à former le discours montaignien - l'auteur des *Essais* possédait en effet un exemplaire des œuvres de Cusanus -, et qui permettront de mieux comprendre son fonctionnement. Le discours de Montaigne sera examiné aussi bien dans la composition de l'essai particulier, de même que dans les relations qui relient les essais entre eux, ainsi que dans les rapports intertextuels qu'ils entretiennent avec leurs sources.

En étudiant les conceptions de l'être impliquées par le fonctionnement même du discours des *Essais*, je propose d'envisager la contradiction sceptique de Montaigne dans le sillage de la réflexion métaphysique renaissante et médiévale dont elle semble, dans une large partie, tirer son origine. Perçu dans cette perspective, le doute montaignien semble révéler une conception de l'être d'une radicale négativité. Tour à tour, Montaigne bloque toutes les issues par des affirmations qui se liquident elles-mêmes, fait sauter par l'ironie de ses références intertextuelles toutes les échappatoires vers une ontologie tant soit peu positive. Si l'Etre transcendant est conditionné par la foi, à proprement parler impossible, l'être immanent, *notre* être n'est pas pour autant une compensation de cette absence. Juste milieu introuvable, embrouillé dans les contrariétés de la morale et de la connaissance tout en aspirant à la quiétude de la bonté et de l'ignorance naturelles, il bascule trop aisément vers l'inanité. Dans cette situation, même le repentir demeure interdit, puisque la raison, si habituée à acclimater le mal, pourrait le muer en dernière tentative de la justification du "moi".

Les conséquences rhétoriques et littéraires d'une ontologie aussi négative ne sont pas moins, et cela d'une façon très caractéristique pour la Renaissance, optimistes. C'est justement parce qu'il est voué à sonder le vide de l'être, que le discours des *Essais* devient un exercice intellectuel constamment renouvelé, car il se fonde sur la conscience que les vérités métaphysiques, quoique essentielles, ne seront jamais pleinement saisies par le jugement.

CHAPITRE I

POUR L'ETUDE DE LA METAPHYSIQUE DES *ESSAIS*

L'être, le bien, le discours: contrariétés et contradictions.

En évoquant le chant V de l'*Iliade*, Montaigne regrette qu'Homère ait dû consentir à ce que Vénus soit blessée à la guerre de Troie. Cette souffrance était pourtant nécessaire pour que la déesse abandonne l'impassibilité de sa nature divine et se munisse de courage. La douleur propre à la condition des mortels demeure précieuse comme marque de l'opposition, de la résistance et de la déficience, bref, de la contrariété avec laquelle est confronté l'être humain.

D'autre part, la Vénus blessée *De l'incommodité de la grandeur* (III, 7) sert comme l'exemple extrême permettant de concevoir le problème propre à la grandeur royale. Celle-ci comporte une vulnérabilité essentielle. Elle consiste en la facilité avec laquelle toute opposition potentielle cède devant le pouvoir du monarque. Or...

> Concevez l'homme accompaigné d'omnipotence, vous l'abismez: il faut qu'il vous demande par aumosne de l'empeschement et de la resistance; son estre et son bien est en indigence. (III, 7, 919B)[1]

L'être humain est formé de et par la contrariété. A défaut d'opposition, l'homme perd ce qui est proprement humain. C'est pourquoi d'ailleurs, le

---

[1] L'édition de référence est celle de Villey-Saulnier, corrigée, selon les besoins, par des réferences aux reproductions photographiques des éditions de 1580 et 1588, fournies par Daniel Martin.

roi n'existe qu'en tant que roi, c'est-à-dire par sa fonction de souverain et par l'éclat qui l'accompagne: "C'est tant estre Roy qu'il n'est que par là" (919B). Toutes les autres qualités essentielles à l'homme ont été étouffées en lui par l'excroissance de la royauté, ou plutôt elles n'ont pas eu l'occasion de se former, faute de résistance nécessaire à leur épanouissement.

Dans la perspective de la contrariété propre à l'être de l'homme, la divinisation des princes devient particulièrement absurde. Montaigne ironise sur la "canonisation" du souverain du Mexique par ses sujets qui non seulement s'attendent à ce qu'il les gouverne équitablement, mais aussi le rendent responsable du mouvement solaire. En revanche, ce que l'essayiste "adore" chez les rois, ce sont les foules des adorateurs qui les entourent. Il avoue ainsi ironiquement que rien d'autre n'est digne en eux d'adoration, car, dénués de leur pompe, les souverains sont en fait bien souvent des hommes fort ordinaires et qu'il serait bien difficile de distinguer du commun (III, 8, 935B). Il suffit donc de les honorer, de fléchir devant eux les genoux, sans leur soumettre sa raison dans une idolâtrie indue.

Les qualités essentielles à l'homme ne sont pourtant pas, force est de le souligner, des qualités absolues. Les vertus dont on gratifie Vénus et les autres dieux en leur prêtant les passions et les souffrances humaines sont pétries de nos imperfections.

Pour bien comprendre cette déficience congénitale de l'être humain, il importe de se rapporter à la distinction que Montaigne opère entre la vertu et la bonté au début de l'essai *De la cruauté* (II, 11). Celui qui pardonnerait une offense par une "douceur et facilité naturelle" le ferait par son inclination à la bonté. En revanche, ferait preuve de vertu, celui qui pour pardonner vaincrait par les "armes de la raison son désir de vengeance" (II, 11, 422A). Ainsi Dieu est appelé bon, mais ne peut pas être dit vertueux, car "la vertu presuppose de la difficulté et du contraste" qui ne siéent pas à l'unité et l'immuabilité divines. Il en résulte que la vertu "refuse la facilité pour compaigne" (423A). Suivant le modèle de l'antipéristase aristotélicienne, la bonté naturelle ne se mue en vertu que sous la pression des circonstances contraires[2]. Ce phénomène consiste en l'intensification des qualités physiques d'un corps au contact d'un environnement caractérisé par des qualités opposées. Il en est de même de la vertu, cette bonté qui...

> ...est plus belle et plus attraiante quand elle est rare, et que la contrarieté et diversité roidit et resserre en soy le bien faire, et l'enflamme par la jalousie de l'opposition et par la gloire. (III, 9, 972B)

Point de vertu sans "effort au contraire" (III, 5, 867B).

Cette sorte d'héroïsme et de noblesse éthiques inhérents à la vertu ont toutefois pour contrepartie l'artifice et l'aliénation. La vertu n'est pas "naïve", naturelle. Que faire alors des âmes qui, tels Socrate, ne semblent pas candidement bonnes, mais plutôt noblement vertueuses, quoique elles ne laissent apparaître aucune trace de lutte avec le vice (423A)?

En attendant de répondre à cette question, il est essentiel de remarquer que cette même contrariété qui affecte l'être et le bien de l'homme, marque de même sa communication avec ses semblables, ainsi que l'échange que Montaigne entend établir avec son lecteur. De l'ontologie et de la morale à la rhétorique, notre condition est déterminée par l'opposition, la résistance, la contradiction. En effet, la plus grande "incommodité de la grandeur", l'absence de contrariété, prive les rapports humains de leur plaisir essentiel:

---

[2] Je me réfère au sens restreint conféré à ce terme par la philosophie naturelle (v. Aristote, *Physique* 215a15, *Météorologiques* I, 12.348b3) en l'étendant aux relations des opposés logiques. Je suis en cela la similarité proposée par Bovelles: "Nos vero secundam oppositionem Antiperistasim eodem modo finimus esse, cum oppositorum aliquod in suo statuitur opposito, cum ve circumdatur ab opposito; et hanc prius esse cuisvis rei oppositionem docuimus" - *Ars oppositorum*, éd. et trad. Pierre Magnard, Paris, Vrin, 1984, pp. 76-77. Pour une utilisation plus large, rhétorique, de ce terme v. les articles de Terence Cave sur le scepticisme renaissant: "Imagining Scepticism in the Sixteenth Century", *Journal of the Institute of Romance Studies*, 1 (1992), pp. 193-205 et "Au cœur de l'*Apologie*: la logique de l'antiperistase", in *Lecteur, l'auteur et l'écrivain. Montaigne 1492 - 1592 - 1992*, éd. Ilana Zinguer, Paris, Champion, 1993, pp. 1-15.

> Il n'est à l'avanture rien plus plaisant au commerce des hommes que les essays que nous faisons les uns contre les autres, par jalousie d'honneur et de valeur, soit aux exercices du corps, ou de l'esprit,... (III, 7, 918B)[3]

Or c'est justement des "essays que nous faisons les uns contre les autres" qu'il est question dans l'essai suivant, *De l'art de conferer* (III, 8). La conversation est d'autant plus précieuse qu'elle s'éloigne de l'unisson: "Quand on me contrarie, on esveille mon attention, non pas ma cholere"; "Les contradictions [...] des jugemens ne m'offencent ny m'alterent; elles m'esveillent seulement et m'exercent" (924B). Les contrariétés de la parole, les contradictions du raisonnement sont donc cruciales, car elles constituent des stimulants qui déterminent l'ordre du débat, la façon et la manière dont il est mené et qui nous incombent bien plus que sa matière et son sujet (928CB)[4]. Car, selon la fameuse métaphore, c'est la chasse et

---

[3] "Rien ne chatouille qui ne pince" (III, 12, 1046C). V. de même II, 15 *Que nostre desir s'accroit par la malaisance.*

[4] D'une façon générale la contradiction consiste à affirmer et nier simultanément deux termes ou deux propositions comportant le même sujet et le même prédicat (étant admis que l'une des propositions doit être universelle et l'autre particulière ou indéfinie - ex: Tous les hommes sont des animaux vs. Certains hommes ne sont pas des animaux -, ou bien que les deux propositions sont individuelles - ex: Socrate est un animal vs. Socrate n'est pas un animal). La contrariété oppose deux propositions universelles - ex: tout homme est un animal vs. aucun homme n'est un animal -, ou bien deux termes qui s'excluent à l'intérieur d'un même sujet. V. Guillaume Ockham, *Summa logicae*, I, 36; Paul de Venise, *Logica Parva*, trad. Alan R.Perreiah, Washington D.C. - München, The Catholic University of America Press - Philosophia Verlag, 1984, pp. 127-128; Pierre d'Espagne, *Language in dispute (Summulae logicales)*, trad. Francis P. Dinneen, S.J., Amsterdam - Philadelphia, John Benjamins Publishing Compagny, 1990, p. 5. A consulter aussi l'éclairant article de Jean-Claude Margolin, "Sur *L'Art des opposés* de Bovelles", in *Logique et littérature à la Renaissance*, éd. Marie-Luce Demonet-Launay et André Tournon, Paris, Champion, 1994, pp. 5-16. Comme l'a démontré Ian Maclean, Montaigne connaît la différence entre les contraires et les contradictoires. Il ne recourt cependant jamais à ces dernières pour démontrer la vérité ou la fausseté d'une proposition ("'Le païs au delà': Montaigne and Philosophical Speculation", in *Montaigne. Essays in memory of Richard Sayce*, éd. I.D. McFarlane, Ian Maclean, Oxford, Clarendon Press, 1982, pp. 101-132 et particulièrement pp. 105-106; ainsi que, du même auteur, *Montaigne philosophe*,

non la prise, qui relève de notre compétence:

> ...nous sommes nais à quester la verité, il appartient de la posseder à une plus grande puissance. Elle n'est pas, comme disoit Democritus, cachée dans les fons des abismes, mais plustost eslevée en hauteur infinie en la cognoissance divine. (III, 8, 928B)[5]

La divinisation abusive et absurde des princes vient ainsi s'insérer dans l'analyse de la contrariété communicative comme une sorte de contre-exemple.

Montaigne suit pendant plusieurs pages l'isotopie politique pour appuyer sa thèse sur la transcendance de la vérité et sur la pertinence pour l'homme de la "course", de l'ordre intellectuel de la recherche. Nous sommes maîtres de nos délibérations et des conseils que nous formulons, mais non de l'issue des affaires et des événements qui ont réellement lieu. Plus même ("Je dis plus"..., 934B): non seulement l'heur et le malheur de nos entreprises nous échappe, mais aussi "nostre sagesse mesme et consultation suit pour la plus part la conduite du hazard". A y regarder de près, il pourrait s'avérer que les motivations sous-tendant les graves décisions du Conseil Royal sont bien basses et banales. La contingence règne donc non seulement sur les actes, mais aussi sur le jugement[6]. Tel est du moins le cas de Montaigne dont la volonté et la raison suivent tantôt un chemin, tantôt un autre, selon des "impulsions et agitations journallieres

---

Paris, Puf, 1996, pp. 33-34). Il semble d'ailleurs que la contradiction demeure pour lui un cas extrême de l'opposition à laquelle est confrontée la vertu - éthique ou intellectuelle - de l'homme. Sur la différence entre la contrariété et la contradiction dans la métaphysique aristotélicienne v. John Peter Anton, *Aristotle's Theory of Contrariety*, London, Routledge and Kegan Paul, 1957, p. 53. V. aussi R. M. Dancy, *Sense and Contradiction: A Study in Aristotle*, Dordrecht - Boston, D. Reidel Publishing Compagny, 1975.

[5] Cité d'après l'édition originale de 1588 (éd. Daniel Martin, Paris - Genève, Slatkine - Champion, 1987), l'édition Villey-Saulnier étant manifestement défectueuse en cet endroit.

[6] Sur la notion du jugement chez Montaigne v. Raymond C. La Charité, *The Concept of Judgment in Montaigne*, The Hague, Martinus Nijhoff, 1968.

[C] et casuelles". La contrariété, loin d'être purement relationnelle, dirigée vers l'extérieur, se loge au cœur même de l'individu, dans son jugement.

Il est clair ainsi que l'on ne peut présumer de la valeur d'un homme par le succès de ses actions, et encore moins par ce "masque de grandeurs", atours théâtraux du pouvoir. La divinisation des princes est donc doublement absurde. D'une part elle refuse à l'homme ce qui est essentiel pour former son humanité: la contrariété. D'autre part elle prétend étendre dans l'absolu la maîtrise qui n'incomberait qu'au jugement humain, si ce jugement n'était lui-même, tout comme les actes, ballotté par la fortune. En projetant la contrariété humaine jusque dans la transcendance, ou bien, illusion inverse, en voulant l'exclure d'ici-bas, on essaye abusivement d'établir un lien de connivence avec l'Absolu. Par les exemples de la Vénus souffrante et celui de l'idolâtrie des princes, Montaigne rappelle que les oppositions éthiques et les contradictions du discours ont un fondement ontologique.

Assumer son jugement.

Or, si la contrariété affecte aussi le jugement, il n'est point étonnant que Montaigne ne perde aucune occasion de l'inscrire dans la relation qu'il entretient avec sa propre œuvre. En concluant *De l'art de conférer* (III, 8), le même essai où la divinisation du souverain exemplifie par l'absurde la nécessité de la contrariété, Montaigne se dit être le roi de la matière qu'il traite. Comme si cette proclamation de la souveraineté d'auteur, de la quasi divine maîtrise sur son texte, démontrait par un contrepoint ironique son incapacité à percevoir pleinement les contradictions de son propre discours[7]. Proclamation d'ailleurs immédiatement suivie par une restriction qui en contredit le sens:

---

[7] Montaigne avoue d'ailleurs explicitement son incapacité à juger les *Essais*: III, 8, 938. V. aussi Ullrich Langer, *Divine and Poetic Freedom in the Renaissance. Nominalist Theology and Literature in France and Italy*, Princeton, Princeton University Press, 1990, surtout p. 110 et suivantes.

> [B] Moy qui suis Roy de la matiere que je traicte, et qui n'en dois conte à personne, ne m'en crois pourtant pas du tout: je hasarde souvent des boutades de mon esprit, desquelles je me deffie, [C] et certaines finesses verbales, dequoy je secoue les oreilles; [B] mais je les laisse courir à l'avanture. (III, 8, 943)

De l'incommodité de la grandeur (III, 7) - où l'image de Vénus blessée démontre notre incapacité à concevoir une bonté qui ne soit pas vertu, c'est-à-dire qui ne soit pétrie par les contrariétés - est aussi un essai clairement construit de façon à contredire l'énonciation du jugement critique sur la royauté qui en forme le corps. Dès l'abord, sa première phrase mine la portée de l'ensemble du texte: "Puisque nous ne la pouvons aveindre, vengeons nous à en mesdire" (916B)[8]. Le refus des grandeurs s'avère la manifestation d'une ambition brutale, bien plus cuisante que celle qui pousse l'homme à la recherche des honneurs. Ambition perverse qui, comme cela lui est propre, "ne se conduit jamais mieux selon soy que par une voye esgarée et inusitée" (916B)[9].

Evidemment, Montaigne peut aisément motiver ces revirements de son discours en les présentant comme des vicissitudes de sa mémoire défaillante. Ne souffre-t-il pas facilement que son interlocuteur le contredise, puisque son esprit se contredit sans cesse lui-même? "Mon imagination se contredit elle mesme si souvent et condamne, que ce m'est

---

[8] Le pronom "la" désigne naturellement "la grandeur" du titre, mais le verbe "aveindre" (atteindre) semble renvoyer le lecteur à la fin de l'essai précédent, *Des coches* (III, 6), à la scène où le puissant roi du Pérou porté sur une litière au milieu de la bataille finale avec les conquistadors est saisi et jeté à terre par un cavalier anonyme (915B). Or, l'on se rappelle que Montaigne vient de dire qu'il ne peut supporter "ny coche, ny littiere, ny bateau", et que, gentilhomme qu'il entend être, il ne peut voyager qu'à cheval (900B). Ainsi l'attentat du cavalier espagnol contre le souverain idéalisé annonce l'attaque montaignienne contre la grandeur dans l'essai subséquent. La critique de l'essayiste gagne par là une motivation, une "cause", d'une douteuse dignité. La louange de la médiocrité qui en devrait être la justification est immédiatement ternie par l'ombre de la vaine gloire.

[9] Les exemples typiques de ce renoncement aux grandeurs du monde qui reste cependant motivé par l'ambition sont Pline et Cicéron, v. *De la solitude* (I, 39) et *Consideration sur Ciceron* (I, 40).

tout un qu'un autre le face..." (924-925C). S'agit-il d'une humilité toute rhétorique? Ne dénonce-t-il pas à plusieurs reprises l'expression de la modestie - que ce soit dans *De l'art de conferer* ou ailleurs - précisément comme une rhétorique, une leurre langagière incompatible avec la vocation fondamentale du discours qui est la communication entre les hommes[10]?

Il devient d'autant plus nécessaire d'assumer son propre jugement, puisque l'aveu de médiocrité dans ce cas précis s'expose au reproche de duplicité morale et de contradiction manifeste[11]. Par conséquent: "on dit communément que le plus juste partage que nature nous aye fait de ses graces, c'est celuy du sens" (II, 17, 657A). Il en est ainsi parce que nier la suffisance de son jugement revient à la confirmer, voire à faire montre de la finesse d'esprit: "s'accuser seroit s'excuser en ce subject là; et se condamner, ce seroit s'absoudre" (656A). Je peux très bien afficher mon dilettantisme en diverses sciences, mais "l'advantage du jugement", je ne puis le céder à personne, sous peine de revendiquer par là même une conscience critique et une acuité intellectuelle supérieures.

Pourtant, assumer son jugement, tout en sachant que le contraire serait une ruse de l'intelligence, n'est point revendiquer ingénument sa part de bon sens. En énonçant l'impossibilité de renoncer à son jugement, on en démontre clairement la conscience. Par conséquent, si Montaigne réclame sa part de saine raison, il sait très bien que son geste n'est pas aussi naïf que celui de n'importe quel "crocheteur" ou "femmelette". Contrairement à sa paraphrase ultérieure chez Descartes, la formule célèbre ne peut donc avoir ici qu'un sens auto-ironique[12]. Dès lors, afin de pratiquer le discours comme "essai", pour le faire sien en s'en distanciant,

---

[10] V. III, 8, 939B; I, 10, 40C; II, 37, 763A ("Il est certaine façon d'humilité subtile qui naist de la presomption,...").

[11] "...car qui a jamais cuidé avoir faute de sens? Ce seroit une proposition qui impliqueroit en soy de la contradiction..."(II, 17, 656A).

[12] Sur l'ironie propre à la reprise cartésienne de cette formule v. Elisabeth Caron, "Montaigne au XVIIe siècle", *Papers on French Seventeenth Century Litrature*, 37 (1992), pp. 367-385, surtout pp. 379-380.

il ne suffit pas de laisser fluctuer le jugement au cours de son exercice, de distribuer des revirements au fil du texte. Il faut encore inscrire la contradiction dans l'énonciation même du discours et en faire l'expression de la déficience ontologique qui le sous-tend.

Le principe de non-contradiction comme problème métaphysique.

Une telle entreprise est manifeste dès l'ouverture des *Essais*. Montaigne, propose à son lecteur un livre "de bonne foy", tout en confessant:

> ...je suis moy-mesme la matiere de mon livre: ce n'est pas raison que tu employes ton loisir en un subject si frivole et si vain. A Dieu donq, de Montaigne, ce premier de Mars mille cinq cens quatre vingts. (*Au Lecteur*)

Le discours préfaciel contredit sa propre intentionnalité, puisque, au lieu d'inviter le lecteur, il ne sert qu'à le congédier. Le début et la fin du livre se rejoignent tout en s'annulant mutuellement. Cette conjonction des contraires efface sur son chemin les quelques centaines des pages qui suivent en les anéantissant de par leur sujet même, en rendant par avance tout raisonnement ambigument non-assertif. Or, le jugement, au lieu de se suspendre, se met à ce moment précis à l'essai, produisant un texte indéfiniment allongé, conséquence rigoureusement logique - comme l'a démontré André Tournon - de la "zététique" pyrrhonienne de Montaigne[13].

---

[13] André Tournon, *Montaigne: la glose et l'essai*, Lyon, Presses Universitaires de Lyon, 1983. L'analyse du "paradoxe du menteur" de Bertrand Russell, évoquée par André Tournon, peut utilement éclairer ces pages liminaires: v. André Tournon, "Self-Interpretation in Montaigne's *Essais*", *Yale French Studies*, 64 (1983), p. 60. Sur l'avis au lecteur de Montaigne, lu à la lumière de la théorie rhétorique v. Michel Simonin, "*Rhetorica ad lectorem*: lecture de l'avertissement des *Essais*", in *Montaigne Studies*, 1 (1989), pp. 61-72.

Les *Essais* se présenteraient-ils donc comme un livre de mauvaise foi, car marqué dès son ouverture par la fausseté criante du topos de modestie, par une poétique de l'épitaphe anticipée et pervertie, dont la voix d'outre-tombe trie les lecteurs-passants au lieu d'implorer universellement leur prière ("Je l'ay voué à la commodité particuliere de mes parens et amis: à ce que m'ayant perdu...")? Ou bien l'aporie de l'avertissement révèle-t-elle une impossibilité, une déficience profonde qui mine les *Essais*? Par delà la provocation rhétorique, faut-il faire confiance à la cascade initiale des négatives - "aucune fin", "nulle considération", "Mes forces ne sont pas capables", "Mes defauts"... - y voir l'aveu d'un vide ontologique dont le projet "domestique et privé[e]" du livre serait le corollaire?

Il y a, certainement, quelque chose des propositions contradictoires et autodestructrices des sceptiques dans l'adieu qui est en même temps une invitation à la lecture et que Montaigne adresse à ses lecteurs dès la première page des *Essais*. Lorsque Sextus Empiricus explique pourquoi la formule "pas plus ceci que cela" n'est pas une assertion dogmatique sur l'existence réelle des choses, il évoque l'exemple des propositions qui se falsifient elles-mêmes, telles que, par exemple "Rien n'est vrai"[14]. Avancer une telle thèse suppose que le locuteur croie de bonne foi en sa véracité, ce qui, pourtant, reste en contradiction flagrante avec son contenu: si rien n'est vrai, l'assertion qui en informe est tout aussi fausse. Fondé à la Renaissance avant tout sur les *Académiques* cicéroniennes, la *Vie de Pyrrhon* de Diogène Laërce et les traités de Sextus Empiricus - textes qui ne commencèrent à exercer une plus large influence que dans la seconde moitié du seizième siècle, bien que Luther ait pu accuser Erasme de scepticisme déjà en 1525 - le scepticisme est perçu comme la déterminante majeure de l'écriture montaignienne, le courant philosophique dont les

---

[14] *Hypotyposes*, I, vii, 13-14.

Essais se feront l'un des plus puissants propagateurs[15]. Il semble cependant que la contrariété et la contradiction, à côté de leurs aspects logiques, épistémologiques et éthiques, reposent sur des présupposés ontologiques que le scepticisme classique ne permet pas, à lui seul, d'expliquer, présupposés que suggère, pourtant, la négativité de l'adresse *Au lecteur*. Pour atteindre les fondements ontologiques du jugement montaignien, il importe de replacer le problème discursif, épistemologique et moral de la contradiction dans son contexte métaphysique[16].

C'est en posant l'être en tant que tel comme l'objet de la philosophie première qu'Aristote considère dans la *Métaphysique* la règle de la non-contradiction comme l'un des axiomes fondamentaux et universels du savoir: un même attribut ne peut pas être simultanément affirmé et nié par rapport à un même sujet sous un même point de vue (1005b). L'aspect ontologique et l'aspect discursif de ce principe semblent particulièrement importants.

Le premier se manifeste en ce que la contradiction présuppose la substance. Ni les contradictoires - qui concernent la substance même -, ni les contraires ne peuvent être prédiqués en même temps d'un même sujet, car comme toute opposition, ils sont issus de la privation ou de la négation

---

[15] Le scepticisme renaissant a bénéficié de nombreux travaux dont les plus importants sont ceux de Richard H. Popkin (*The History of Scepticism from Erasmus to Descartes*, Assen, VanGorcum, 1960; son article sur le scepticisme dans *The Cambridge History of Renaissance Philosophy*, éd. Charles B. Schmitt, Eckhardt Kessler, Quintin Skinner, Cambridge, New York, New Rochelle, Cambridge University Press, 1988, pp. 668-684) ainsi que les études de Charles B. Schmitt ("The Rediscovery of Ancient Skepticism in Modern Times", in *The Skeptical Tradition*, éd. Myles Burnyeat, Berkeley - Los Angeles - London, University of California Press, 1983). Sur les manuscrits de Sextus Empiricus à la Renaissance v. Luciano Floridi, "The Diffusion of Sextus Empiricus's Works in the Renaissance", *Journal of the History of Ideas*, 1 (1995), pp. 63-85.

[16] Juste avant de livrer ce livre à l'imprimeur, je viens de recevoir l'ouvrage de Frédéric Brahami, *Le scepticisme de Montaigne*, Paris, Puf, 1997, dont l'analyse philosophique rejoint sur plusieurs points mon étude littéraire des *Essais*. Je trouve particulièrement importante l'insistance avec laquelle Frédéric Brahami souligne l'implication du scepticisme antique dans le débat religieux à la Renaissance.

appliquées au terme respectif opposé (1011b, 1004a). Si l'on adoptait donc, comme le veut (selon Aristote) Héraclite, qu'une seule et même chose puisse en même temps être et ne pas être, il s'ensuivrait que ce qui constitue l'essence de la chose à définir n'existerait pas. Par exemple, si quelque chose pouvait, en même temps, être et ne pas être un homme, l'essence de l'humanité ne serait plus possible. Dès lors, toutes les qualités seraient accidentelles et elles se multiplieraient en prolongeant la prédication à l'infini, à la recherche d'un sujet essentiel premier sur lequel elles puissent se greffer (1007a-b).

Ainsi apparaît l'aspect discursif du principe de non-contradiction. En effet, la non-contradiction est pour Aristote la condition préalable de l'intelligible, la condition du discours rationnel. Cela est visible dans la façon dont on prouve le principe de non-contradiction. Bien que, étant le premier de tous les axiomes, la non-contradiction ne soit pas à proprement parler démontrable à partir d'une vérité plus fondamentale qui - par définition - n'existe pas, elle est toutefois mise en œuvre dès que l'on se décide à dire quoi que ce soit de signifiant. En effet, tout discours étant vrai *ou* faux - mais non pas vrai *et* faux en même temps - l'adversaire du principe de non-contradiction se laisse piéger en entrant dans un débat rationnel quelconque. Il en est ainsi parce que tout échange de propositions signifiantes implique irrémédiablement ce principe fondamental de la raison discursive. L'alternative est donc le silence qui, pour Aristote, réduit l'homme à l'état végétatif.

Il n'est donc point étonnant que l'opposition à l'aristotélisme institutionnellement dominant se manifeste nettement dans les débats autour du principe de la non-contradiction. Dans ces polémiques avec le rationalisme de l'école, le scepticisme classique de la Renaissance trouve un allié naturel dans un courant métaphysique: la théologie négative issue des écrits attribués au Pseudo-Denys l'Aréopagite et, particulièrement en France, filtrée par la spéculation radicale de Nicolas de Cues[17]. En quoi la

---

[17] Jusqu'à présent il n'existe aucune synthèse consacrée à la réception de la pensée dionysienne en Europe. Des travaux importants se sont cependant concentrés sur les liens entre Denys et les néo-platoniciens païens, la lecture thomiste de l'Aréopagite,

théologie négative de Cusanus et de Denys pouvait-elle renforcer la critique de la raison discursive?

Scepticisme et théologie négative.

Il est symptomatique que la contradiction soit l'un des points les plus litigieux dans le débat qui oppose la théologie négative et l'aristotélisme scolastique. Cela est clairement visible dans la polémique qui éclate au milieu du XVe siècle entre Cusanus et le théologien de Heidelberg, Johannes Wenck, à propos de la *Docte ignorance*.

En intitulant ses remarques critiques *Du savoir ignoré* (*De Ignota Litteratura*), Wenck impose le ton de la discussion. Cela n'est point étonnant si l'on prend en considération la gravité de l'accusation: en affirmant que le Maximum absolu (autrement dit la Vérité infinie) coïncide avec le Minimum absolu, Cusanus détruit toute procédure scientifique, et en particulier la loi de la non-contradiction. Les conséquences d'une telle métaphysique seraient catastrophiques: l'anéantissement de la doctrine aristotélicienne[18].

Pour démontrer l'ampleur d'un tel désastre, Wenck lance ses attaques sur deux fronts à la foi: l'épistémologie et l'ontologie.

En supposant que la connaissance humaine consiste en l'élévation de l'intelligence humaine vers la Simplicité où les contradictoires coïncident, Cusanus met en question le principe fondamental de la pensée: à savoir qu'il est impossible d'être et de ne pas être une seule et même

---

et la philosophie même de Cusanus. Sur les possibilités intellectuelles offertes par la tradition dionysienne aux penseurs du moyen âge et de la Renaissance v. mon étude *Le Dieu néant. Théologies négatives à l'aube des temps modernes*, à paraître aux édtions E. J. Brill.

[18] Johannes Wenck, *De Ignota Litteratura*, 29. Wenck se réfère ici particulièrement au chapitre IV du livre I de la *Docte ignorance*. Pour les écrits échangés au cours de cette polémique v. l'édition de Jasper Hopkins, Minneapolis, The Arthur J. Banning Press, 1981.

chose en même temps (*De Ign. Litt.*, 21-22). Un tel mépris pour l'enseignement d'Aristote comporte de grave répercussions philosophiques et théologiques. Si, comme l'affirme le cardinal, la Vérite Précise est incompréhensible, ou, autrement dit, comprise incompréhensiblement dans la docte ignorance, il n'est plus assuré - comme le veut Aristote - que l'esprit humain atteigne l'inconnu à partir du connu en vertu de la relation comparative qui unit ces deux savoirs. Il n'est plus certain que les effets soient proportionnels à leurs causes, et par là même, il est fort douteux que l'on puisse connaître Dieu - comme le propose saint Paul dans 1 *Cor.*, 13 - dans le miroir de la Création. Si la quiddité des choses devait être inaccessible, le mouvement de la pensée serait infini et vain, ce qui reviendrait à détruire toute opération intellectuelle (*De Ign. Litt.*, 21-22, 29).

Une telle épistemologie est sous-tendue par une ontologie - pour Wenck - manifestement hérétique. En effet, selon Cusanus, le Maximum absolu dans lequel les opposés coïncident est toute chose de même qu'il n'est rien de ce qui est. Qu'est-ce que cela signifie, sinon que Dieu est une créature aussi bien qu'Il n'est pas? Dans l'esprit de Wenck, cette conjonction absurde du panthéisme et de l'athéisme est la conséquence du mépris fondamental de Cusanus pour le principe de non-contradiction (*De Ign. Litt.*, 29, 33). Or, comprendre incompréhensiblement que Dieu dépasse tout symbolisme et toute raison humaine, comme le veut la docte ignorance, n'est pas, pour le théologien de Heidelberg, demeurer ignorant. En disant qu'il ne savait rien, Socrate possédait en fait un certain savoir: il admettait que ses connaissances n'étaient pas totales mais seulement partielles, et donc passibles d'être développées (*De Ign. Litt.*, 31).

Dans son *Apologie de la Docte ignorance* Cusanus reprend le doute socratique et, contrairement à son adversaire scolastique, le résoud d'une façon négative: en se disant ignorant, le sage d'Athènes avouait son authentique ignorance. Il était en cela semblable à celui qui regarde la lumière aveuglante du soleil et demeure incapable de comprendre et de décrire sa luminosité.

L'ignorance de Socrate est bien une vraie ignorance, parce que celui qui poursuit le savoir tend vers le sommet des connaissances. Or celui-ci reste réservé à Dieu et demeure donc totalement inaccessible à l'homme. Ainsi, dès l'ouverture de sa réplique, Cusanus concentre son attention sur ce qui constitue le trait essentiel de sa métaphysique: la poursuite infinie de l'Absolu. Infinie, car impossible à satisfaire pour des raisons ontologiques: conformément à l'enseignement de Denys l'Aréopagite, Dieu est tout dans tout et rien dans rien, en ce sens qu'Etre de toute chose, il n'est aucun être en particulier; universellement présent, il demeure aussi infiniment éloigné de notre finitude, caché dans la lumineuse ténèbre de sa transcendance (*Apol.*, 2-3, 13-14, 17). Cette vérité fondamentale, impossible à réduire à un quelconque savoir positif, et par là même étrangère à la secte aristotélicienne, ne peut être appréhendée que grâce à la "docte ignorance", autrement dit la théologie négative tellement appréciée par Denys l'Aréopagite et par saint Augustin[19]. Et pour mieux encore exposer le paradoxe de Dieu absolument insaisissable, mais qui devient proche seulement dans la mesure où nous prenons conscience qu'il s'éloigne d'autant plus que nous le poursuivons, Cusanus évoque les *Actes des Apôtres*, 17, autrement dit la visite de saint Paul à l'Aréopage, scène fondatrice du mythe de "saint Denys", dans laquelle l'apôtre tente de faire comprendre aux philosophes grecs un Dieu qui, en lui-même, reste totalement inaccessible à l'esprit humain[20].

Perçu dans cette perspective, le principe de la non-contradiction voit son importance non pas abolie, mais strictement réduite. En effet, son application est limitée au domaine de la raison, ce champ de la logique qui nous est naturellement imparti. C'est là que les contradictoires s'affrontent dans leur opposition, c'est là que s'exerce l'inférence, les nombres

---

[19] Il existe des différences fondamentales entre la théologie négative de saint Augustin et celle de Denys. Les deux théologiens admettent qu'il est préférable de désigner Dieu plutôt par des négations que des affirmations. Ils diffèrent toutefois quant au fondement ontologique de ce jugement. Pour saint Augustin, Dieu demeure l'Etre même, tandis que pour Denys, héritier plus direct du néo-platonisme païen, la Théarchie divine dépasse l'Etre dans le Non-Etre. Cusanus ne néglige pas l'autorité de l'évêque d'Hippone, mais, fidèle à l'enseignement paradoxal d'Eckhart, il penche clairement vers la mystique dionysienne.

[20] *Apologia*, 13. Cusanus se réfère ici à son court traité, *De Quaerendo Deum*, I, 18.

demeurent disincts et le centre du cercle ne peut aucunement se trouver sur sa circonférence. Il en est cependant tout autrement au stade supérieur qu'atteint l'esprit humain dans sa poursuite de Dieu: au stade de l'intellect. Ici, le principe de la non-contradiction ne trouve aucune application, puisque les opposés y coïncident, les nombres se "compliquent" dans l'Un, tandis qu'une vision fondamentalement étrangère à l'inférence logique superpose le centre du cercle à sa circonférence. Toutefois Dieu demeure encore plus loin, au-delà de la coïncidence des contradictoires, Lui qui est l'Opposition des opposés, comme l'affirme Denys l'Aréopagite (*Apologia*, 15).

La transcendance aussi absolue échappe à toute relation comparative et proportionnelle avec le créé, tandis que l'Apôtre signifie clairement dans la première épître aux Corinthiens que l'image de Dieu n'est image que dans la mesure où elle nous force à dépasser toute image et à nous tourner incompréhensiblement vers la Vérite incompréhensible (*Apologia*, 11).

Un discours aussi contradictoire sera apprécié par les évangéliques français de la génération de Marguerite de Navarre, Guillaume Briçonnet et Charles de Bovelles, particulièrement intéressés par le paradoxe dionysien du Dieu simultanément ineffable et omninommable[21]. Il ne pouvait toutefois convenir à l'aristotélisme de Johannes Wenck. Cusanus en est parfaitement conscient, lui qui attribue à saint Ambroise cette prière: "Seigneur, délivre-nous des dialecticiens" (*Apologia*, 21)[22].

Quel pouvait être l'impact de la métaphysique de Cusanus sur Montaigne? *Le Journal de Voyage* en Italie note à la date du 13 novembre

---

[21] Pseudo-Denys l'Aréopagite, *Noms divins*, 1, 6, 596A; 5, 8, 824B; 13, 3, 981A dans l'édition de Maurice de Gandillac, Paris, Aubier, 1943.

[22] Jasper Hopkins retrouve ce motif dans l'*Apologia adversus calumnias propter declamationem de vanitate scientiarum...*, de Corneille Agrippa (Lyon, per Berigos fratres, 1605, *Appendix Apologetica*, p. 50). Agrippa est, comme l'on sait, l'une des sources de Montaigne.

1580 que Montaigne possédait les œuvres du cardinal allemand[23]. D'autre part, ne fût-ce que par son autorité quasi-apostolique pour la théologie catholique jusqu'à la fin du XVIe siècle et la place qu'il occupait dans la mythologie nationale en France, Denys ne pouvait être totalement méconnu de l'auteur des *Essais*[24]. Il semble donc intéressant de regarder la théologie

---

[23] Ed. François Rigolot, Paris, Presses Universitaires de France, 1992, p. 71. Cette indication a souvent poussé la critique à avancer l'hypothèse de l'influence possible de la théologie de Cusanus sur les *Essais*. En se fondant sur le *Journal de Voyage*, Pierre Villey note que Montaigne possédait en 1580 l'édition des œuvres du cardinal de 1566, sans remarquer toutefois aucune trace directe de cette lecture dans les *Essais* (*Les sources et l'évolution des Essais de Montaigne*, Paris, Hachette, 1933, t. 1, p. 122). Henri Busson souligne la parenté entre Montaigne, Cusanus et Denys l'Aréopagite, pour mettre ensuite en valeur la différence qui sépare Montaigne des mystiques (*Le rationalisme dans la littérature française de la Renaissance, 1533-1601*, Paris, Vrin, 1957, pp. 413-419). L'influence de la théologie négative est aussi notée par Hugo Friedrich , *Montaigne*, Paris, Gallimard,1968, p. 120; Floyd Gray, "The 'Nouveaux Docteurs' and the problem of Montaigne's consistency in the *Apologie de Raymond Sebond*", *Symposium*, 18 (1964), p. 31; Robert Aulotte *Montaigne. Apologie de Raymond Sebond*, Paris, Sedes, 1979, p. 121; Antoine Compagnon *Nous, Michel de Montaigne*, Paris, Seuil, 1980, p. 100. Une place particulière est ici à accorder à l'étude de Gérard Defaux - "Montaigne et la rhétorique de l'indicible: l'exemple "De la tristesse" (I, 2)", *Bibliothèque d'Humanisme et Renaissance*, 1 (1993), pp. 5-24 - qui met en parallèle la représentation de l'indicible chez Montaigne et celle qu'en donnent les mystiques dionysiens. La prise en considération de la théologie négative par la critique montaignienne doit être aussi liée avec son intérêt pour l'influence de saint Augustin sur les *Essais*. V. à ce propos, à côté de l'article d'Alain Legros, "Les *ombrages* de Montaigne et d'Augustin", in *Bibliothèque d'Humanisme et Renaissance*, 55 (1993), pp. 547-563, la thèse d'Andrée Comparot, *Augustinisme et aristotélisme de Sebon à Montaigne*, Paris, Cerf, 1979, ainsi que les travaux d'Elisabeth Caron "Saint Augustin dans les *Essais*", *Montaigne Studies*, 2 (1990), pp. 17-33, de même que son livre *Les 'Essais' de Montaigne ou les échos satiriques de l'humanisme*, Montréal, Ceres, 1993.

[24] Depuis le premier traducteur du *corpus* dionysien en latin, l'abbé Hilduin, "Denys" l'auteur des traités de néo-platonisme chrétien est identifié au Denys converti par saint Paul sur l'Aréopage (*Actes*, 17, 34), de même qu'au premier évêque martyr de Paris (sur la réception de la pensée dionysienne au moyen âge, v. H. F. Dodaine, O.P., *Le corpus dionysien de l'université de Paris au XIIIe siècle*, Roma, Edizioni di Storia e Letteratura, 1953; Barbara Faes de Mottoni, *Il 'Corpus Dionysianum' nel Medioevo. Rassegna di studi: 1900-1972*, S.l., Società Editrice il Mulino, 1977). Force est surtout de souligner

négative comme le corollaire métaphysique du scepticisme des *Essais*, de chercher dans la philosophie de Cusanus les instruments intellectuels qui ont pu servir à former l'ontologie très spécifique caractérisant la contradiction sceptique de cette œuvre[25].

En effet, il est symptomatique que le courant cusien de la théologie négative et le scepticisme classique nouvellement adopté dans la culture renaissante se trouvent naturellement alliés dans leur incompatibilité avec la philosophie de l'école.

Cette conjonction d'une pensée théologique parfaitement familière et d'une philosophie découverte à nouveau, alliance qui se manifeste surtout dans les polémiques portant sur la contradiction, est perceptible très tôt, déjà dans la première attaque contre le dogmatisme aristotélicien qui utilise les arguments de Sextus Empiricus: l'*Examen vanitatis doctrinae gentium* publié par Gianfrancesco Pico della Mirandola en 1520. En établissant le palmarès des sceptiques qu'il invoque à son secours, le neveu du grand Pic n'oublie pas Cusanus qu'il loue pour sa critique générale du savoir humain[26]. Soixante ans plus tard, Cusanus prend aussi sa place dans

---

l'importance de la théologie négative pour tout le milieu intellectuel d'humanistes français associés à Jacques Lefèvre d'Etaples, éditeur de Denys et de Cusanus (v. à ce propos, surtout Guy Bedouelle, *Lefèvre d'Etaples et l'intelligence des écritures*, Genève, Droz, 1976; Eugene F. Rice, éd., *The Prefatory Epistles of Jacques Lefèvre d'Etaples and Related Texts*, New York, London, Columbia University Press, 1972).

[25] Une telle approche est possible grâce a l'apport préalable de l'étude thématique des *Essais* et de la *Docte ignorance*, fournie par Raymond Esclapez, "Montaigne et Nicolas de Cuse. Le thème de la 'docte ignorance'dans les *Essais*", *Littératures*, 18 (1988), pp. 25-40.

[26] "Nicolaus Cusa.s.R.e. cardinalis non Aristotelis solum, sed humanam omnem scientiam impugnavit, et omnem similitudinem claudicare, nec ea attingi veritatem affirmavit. Et omnem creatam imaginem ab exemplari excidere, et omnem humanam veri assertionem coniectura constare existimavit" - Ionnis Francisci Pici Mirandulae Domini (...) *Examen Vanitatis doctrinae gentium, et veritatis Chistianae disciplinae*, Mirandola, Ioannes Mazochius, 1520, f° cxxvi v°. Cusanus est mentionné dès l'ouverture du traité (f° ix r°), juste après l'évocation de la tripartition des écoles philosophiques par Sextus Empiricus, division que Montaigne placera au cœur de l'*Apologie*. Il importe aussi de

la lignée sceptique issue de Socrate et reconstruite par Bodin dans la préface à sa *Demonomanie*[27].

Il n'est donc pas étonnant de retrouver les lieux communs de la théologie négative chez les auteurs associés au scepticisme au début du XVIIe siècle. Tel est le cas de Charron qui, en défendant son œuvre maîtresse dans le *Petit traité de Sagesse*, assigne au pyrrhonisme la fonction de "vuider, nettoyer, despouiller et mettre à nud" l'âme humaine de toute créance et affection, de la rendre morte au monde afin de recevoir le don de la conversion[28]. Le scepticisme est donc intégré dans une spiritualité fort similaire à celle qu'inspirait traditionnellement la théologie négative. Celle-ci bénéficie d'ailleurs d'une ample présentation dans les *Discours chrestiens* de Charron. Le théologal de Condom y souligne sa préférence pour la négation comme moyen de connaître et d'exprimer la divinité. Conformément aux indications du Pseudo-Denys il garde à l'esprit le caractère fondamentalement ineffable de Dieu. Celui-ci dépasse de loin la connaissance humaine, tout comme ses opposés ontologiques, tels que la matière première, le rien, la privation et les ténèbres, restent en deça de nos possibilités épistémologiques. Il en résulte une "ignorance tres docte" qui est précisément la meilleure des connaissances, puisque "le bien

---

noter après la monographie que Charles B. Schmitt consacre à Gianfrancesco Pico, que celui-ci est l'auteur d'une apologie du Pseudo-Denys (publiée en 1523 et 1526) et qu'il discute son *Examen* dans une lettre écrite à Lefèvre d'Etaples: *Gianfrancesco Pico della Mirandola (1469-1533) and his Critique of Aristotle*, The Hague, Martinus Nijhoff, 1967, particulièrement pp. 27-28.

[27] "...une mesme personne en divers temps rend divers iugements de mesmes choses appliquees aux sens, comme il est tout notoire. Le premier qui fist cest ouverture fut Socrate, qui dist qu'il ne sçavoit qu'une chose, qui estoit, qu'il ne sçavoit rien: Et depuis ceste secte print accroissement par le moyen d'Arcesilas chef de l'Academie, et qui fut suivy d'Ariston, Pirrhon, Herile, et de nostre memoire par le Cardinal Cusan, aux livres que il a fait de la Docte ignorance.." Jean Bodin, *La demonomanie des Sorciers*, Paris, Estienne Prevosteau, 1598, pp. 32-33. Richard Popkin mentionne cette référence (p. 84).

[28] V. *Toutes les Œuvres*, Paris, Jacques Villery, 1635, pp. 224-225. Ce texte est discuté par Robert Popkin, pp. 57-62. Pour les *Discours chrestiens* v. pp. 2-12 de la même édition.

cognoistre, c'est sçavoir que l'on ne le peut cognoistre". Pierre Camus aboutit aux mêmes conclusions dans la première partie de son *Essay sceptique*[29]. Au bout des recherches on retrouve pour toute assurance un inimaginable néant; s'humilier est la meilleure façon de reconnaître l'infinie disproportion entre l'homme et son Créateur auquel, selon une expression bien dionysienne, on doit vouer la *sancta caligo* de la foi[30].

D'autre part, parmi les adversaires du scepticisme on remarque une méfiance prononcée envers la théologie mystique. Selon Jean de Silhon, pourfendeur de Montaigne et de Charron, celle-ci n'est profitable que soumise à la censure de la scolastique. Un tel contrôle permet d'apaiser les exaltés qui s'imaginent atteindre l'intelligence de la divinité en répétant les noms divins trouvés chez "sainct Denis"[31].

Ainsi, le scepticisme de la fin du XVIe et du XVIIe siècle n'est pas seulement une "théologie séculière", héritant les questions et les outils intellectuels des débats universitaires[32]. Il doit être considéré dans le sillage

---

[29] Pierre Camus, *Les diversitez...*, Dovay, Marc Wyon, 1620, vol. 4, pp. 237-246, 326-328; *Homélies dominicales*, Rouen, Michel du Souillet, 1636, pp. 75-78. Pour la réception du scepticisme chez les lecteurs de Montaigne v. Alan M. Boase, *The Fortunes of Montaigne. A History of the Essays in France, 1580-1669*, London, Methuen, 1935.

[30] Pour juger de la popularité de ces thèmes au début du XVIIe siècle, on peut consulter *Les sentiments universels* de Pierre Forget, Paris, Toussainct du Bray, 1636:

Roy du Ciel souverain Maistre
De toute chose d'icy bas,
Dont on ne peut declarer l'estre
Qu'en declarant ce qu'il n'est pas.

[31] Jean de Silhon, *De l'immortalité de l'âme...*, Paris, P. Billaine, 1634, p. 31. Dans son attaque contre le scepticisme, Martin Schook associe le *De docta ignorantia* de Cusanus et le *Quod nihil scitur* de Francisco Sanchez (*De scepticismo...*, Gronigae, ex officinam Henrici Lussinck, 1652, p. 69). Cette référence est mentionnée par Richard Popkin, p. 202.

[32] L'expression est de Amos Funkenstein qui étudie les rapports entre le scepticisme de l'âge moderne et le débat scolastique sur la puissance divine ("Scholasticism, Scepticism and Secular Theology", in *Scepticism from the Renaissance*

de la théologie négative avec laquelle il semble aisément s'associer dans l'esprit des contemporains.

Or c'est précisément à cause de la conjonction des présupposés ontologiques et discursifs que le principe de non-contradiction devient le bastion des adversaires du scepticisme, tout comme il l'a été pour ceux qui attaquaient le théologie négative radicale. L'enjeu est de défendre un discours statuant sur le monde des substances, la foi en l'existence des universaux de la raison et de la nature.

En effet, Jean de Silhon fonde sa réfutation du pyrrhonisme sur les axiomes métaphysiques naturellement inscrits dans la raison humaine: "Qu'il est impossible qu'une chose soit et ne soit pas en mesme temps. Que rien ne se fait soy mesme. Que pour agir il faut estre actuellement. Que tout ce qui a Estre le tient de soy ou l'a receu d'ailleurs..."[33]. La place de choix qu'occupe la non-contradiction parmi ces évidences universellement admises laisse peu d'espoir quant à la compréhension par Silhon de la subtile suspension du jugement sceptique. Celui-ci, comme le rappelle le *Quod nihil scitur* de Francisco Sanchez, ne débouche pas sur un savoir positif, mais sur l'aveu d'une défaite de la raison[34]. Il suffit pour cela d'une quelconque incompréhension: qu'elle vienne de la part du sceptique ne sachant pas prouver la proposition du titre ou qu'elle vienne du dogmatiste qui ne comprend pas l'ambiguïté de raisonnement dubitatif. Comme on le voit, il s'agit, force est de le souligner, d'un anti-rationalisme fortement intellectualisé. Or, cela, Silhon n'est pas prêt à l'accepter:

---

to the Enlightenment, Wiesbaden, Otto Harrassowitz, 1987, pp. 45-54).

[33] Jean de Silhon, *Le ministre d'Estat. Troisième partie. De la certitude des connaissances humaines*, Amsterdam, Antoine Michels, 1662, pp. 45-60; *Les deux veritez de Silhon, l'une de Dieu, et de sa providence, l'autre de l'immortalité de l'Ame*, Paris, Laurent Sonnius, 1626, p. 15. Il est piquant de remarquer que le second principe - *nihil ex nihilo* - qui, par un raccourci mental théologiquement douteux, sert à Silhon de preuve de la création divine de l'univers, a été utilisé par le "Baïf" du premier dialogue de Bruès pour mettre en doute l'orthodoxie du dogmatisme aristotélicien (*The Dialogues of Guy de Bruès*, éd. Panos Paul Morphos, Baltimore, The Johns Hopkins Press, 1953, p. 122).

[34] (1581), éd. Andrée Comparot, Paris, Klincksieck, 1984, p. 22.

"...cette science, qu'il n'y a point de science, s'ils ne la sçavent pas, pourquoy l'asseurent-ils?"[35].

Le problème de la contradiction demeure ainsi au cœur de la polémique avec le scepticisme au XVIIe siècle. Pierre Chanet lui consacre tout un chapitre de ses *Considérations sur la Sagesse de Charon*, en soulignant que même "les petits enfans" savent que "nostre raison ne se contrarie point à elle mesme"[36]. La contradiction demeure aussi un argument fréquemment échangé par les figurants des dialogues de Guy de Bruès. De prime abord, l'existence des théories philosophiques contradictoires prouve aux yeux de sceptiques que l'homme n'est capable que d'opinions, la vérité étant par définition "simple et indivisible". Mais cette prémisse même consacre en fait l'acceptation commune du principe de la non-contradiction. Une fois admis, celui-ci devient une arme au service des dogmatiques. Telle est la stratégie argumentative du "Ronsard" des dialogues de Bruès, personnage auquel incombe la tâche de défendre l'existence des universaux naturels inhérents à la raison humaine. En s'adressant au sceptique "Baïf", "Ronsard" ironise en poussant jusqu'à la contradiction le doute sur l'appréhension intellectuelle des perceptions sensuelles:

> J'ay opinion que tu ne me dis rien, et que je suis tout seul: car je ne sçay pas si estre en compaignie, est estre seul, et estre seul, est estre en compagnie.[37]

---

[35] *Les deux veritez*, p. 17. V. aussi *Le ministre*, p. 9.

[36] Paris, Claude Le Groult, 1643, seconde partie, chapitre 2. V. aussi la défense du principe de la non-contradiction confiée par Marin Mersenne au "Philosophe chrétien" de sa *Vérité des Sciences contre les sceptiques ou Pyrrhoniens*, Paris, Toussaint du Bray, 1625, p. 52. Il est significatif que cette apologie de la non-contradicton implique aussi la confiance en les possibilités du langage humain à nommer le divin, confiance qui vise à déjouer l'arbitraire linguistique et l'ineffable de Dieu affirmés par le "Sceptique" (pp. 38-39 et 74).

[37] P. 121. La contradiction réduite à l'absurde sert aussi de technique argumentative dans le débat éthique du dogmatique "Nicot" contre le sceptique "Aubert": "Nicot: (...) Et quoy? la contrarieté des opinions te desasseure, et te fait doubter ès choses

Le principe de non-contradiction est censé donc servir à piéger les pyrrhoniens qui, pour l'admettre, auraient imprudemment renoncé un instant à la suspension de leur jugement.

Faute d'impliquer le sceptique dans un échange d'assertions soumises, par leur nature même, à la règle de non-contradiction, les adversaires du scepticisme tentent de ramener ses propositions autodestructrices à un jeu verbal sans conséquence. Tel est le traitement subi par la peinture moralement contradictoire du “moi”. Le cas débattu concerne ici le roi miséricordieux de Sparte, perçu en même temps comme bon et méchant, une enquête philosophique patiemment collationnée par Montaigne à partir des fragments disparates de Plutarque[38]. Ce que Montaigne juxtapose en antinomies inconciliables, Chanet le démontera avec passion, acharné qu'il est à neutraliser les contradictions sceptiques. Selon lui, rien de contradictoire dans le caractère du roi, puisque sa bonté souveraine se manifeste une fois en sa miséricorde et une autre en la justice des châtiments qu'il inflige aux malfaiteurs[39]. La contradiction n'est donc qu'une erreur du langage, interprétation qui revient avec insistance chez les adversaires de l'argumentation *in utramque partem*. Comment ne pas douter devant le témoignage que nous apporte l'existence des lois déshonnêtes? Ne point les appeler “loix”, répond Guy de Bruès par la bouche de l'un de ses personnages. Le doute perpétuel de Montaigne n'est

---

plus certaines? Et si maintenant quelque'un te disoit que tu es un arbre, et que tu n'as aucun sentiment, et quelques autres que tu es un fantosme, croirois tu pourtant que tu n'as point de sentiment ou que tu n'es rien?” (p. 210).

[38] III, 12, 1063B. Sur le paradoxe philosophique de Montaigne v. André Tournon, pp. 214-227.

[39] Montaigne collationne ici deux fragments différents de Plutarque (Jacques Amyot, *Les œuvres morales & meslees de Plutarque*, Paris, Michel de Vascosan, 1572; f° 108 r° et f° 497 v°). Chanet reprend en fait cet exemple à Charron (p. 287) et se fonde pour neutraliser la contradiction sur la *Métaphysique* 1006a-b. Aristote y souligne qu'il y a contradiction uniquement lorsque les termes sont pris dans une seule signification. La vogue de ce fragment de III, 12 parmi les lecteurs de Montaigne est encore attestée par Camus *Les diversitez...*, p. 230.

qu'une supercherie de charlatan, enchaîne Silhon. Il repose sur la divergence entre la parole extérieure et la pensée. Cette dernière ne peut mettre en cause les réflexions qu'elle fait sur ses connaissances: elle sait bien si elle doute ou si elle ne doute pas, si elle affirme ou non, tout comme elle sait si elle perçoit un objet par les sens. En revanche la parole extérieure est libre de se conformer à la pensée interne ou bien de la démentir. Par conséquent le sceptique n'est pas moins sûr de ses connaissances qu'un autre, mais il déguise cette assurance sous une jonglerie verbale. Bref, Silhon lit Montaigne comme s'il s'agissait de Camus. Ce dernier conclut son *Essay sceptique* en reniant ces "brouillards" de jeunesse, sujet fantastique et bizarre, excusable pourtant par la poétique des *Diversitez* où il trouve sa place[40].

Il semble donc qu'à l'époque de Montaigne, pour autant qu'on veuille concevoir le doute sceptique non pas comme un habile mensonge mais un discours pleinement assumé par le sujet, la contradiction s'impose non seulement comme une question de connaissance, mais aussi comme un problème d'être.

---

[40] Guy de Bruès, p. 250; Jean de Silhon, *Le ministre*..., p. 13; Pierre Camus *Les diversitez*..., p. 390.

CHAPITRE II

L'ETRE:
LA FOI IMPOSSIBLE

La théologie négative dans l'*Apologie.*

Il n'est pas question pour Montaigne de renier explicitement son œuvre de jeunesse, la traduction de la *Theologia naturalis* de Raymond Sebond. C'est pourquoi il va la défendre, tout en niant cependant ses thèses, dans une *Apologie* paradoxale. Le rôle de cet essai dans la propagation des idées sceptiques est bien connu. Il importe cependant d'insister sur le fait que son intérêt ne se limite pas à son impact sur la théorie de la connaissance du siècle suivant. Grâce à la conjonction dans sa structure compositionnelle du scepticisme et de la théologie négative, il apparaît non seulement comme le point de départ d'une épistémologie à venir, mais avant tout comme l'aboutissement d'une ontologie fondée sur la déchirure séparant l'homme de la transcendance.

En effet, certains parallélismes entre les *Essais* et la *Docte ignorance* dans les références de ces textes à Platon et à saint Augustin, de même que dans leur emploi des thèmes de l'ignorance savante, de la dissimilitude et de l'insuffisance du langage ont permis de renforcer l'hypothèse selon laquelle Montaigne aurait connu la théologie cusienne au moment de la rédaction de l'*Apologie*, avant même son voyage en Italie[1]. Reste cependant à savoir comment les échos thématiques et

---

[1] C'est à Raymond Esclapez que revient le mérite d'avoir démontré par des rapprochements textuels les liens réunissant la *Docte ignorance* de Cusanus et les *Essais* ["Montaigne et Nicolas de Cuse. Le thème de la 'docte ignorance'dans les *Essais*", *Littératures*, 18 (1988), pp. 25-40]. Dans ce chapitre je reprends certaines analyses de

scripturaires de la théologie négative de Cusanus dans les *Essais* affectent le discours montaignien. Montaigne serait-il prêt à se servir de la critique épistémologique du cardinal tout en rejetant sa métaphysique? Ou bien, inversement, les liens entre les *Essais* et le néo-platonisme dionysien permettent de concevoir le scepticisme de l'*Apologie* comme une étape préalable à la reconnaissance du mystère divin et témoignent de la nostalgie de l'unité, présente dans les *Essais*[2]? Ainsi se dessinerait l'opposition entre une vision de Montaigne libéré de l'ontologie par son criticisme empirique et celle de l'écrivain dont le pessimisme épistémologique devient une préparation, même si elle est finalement soldée par un échec, à recevoir le savoir révélé.

Or, il semble que ces deux interprétations divergentes peuvent être nuancées. La théologie négative de l'*Apologie* ne se limite pas à doubler le scepticisme classique dans son rôle d'instrument critique de la connaissance. Elle n'est pas, non plus, évoquée pour servir de tremplin potentiel à l'expérience mystique. D'une part, la théologie négative est intégrée à la structure compositionnelle de cet essai de manière à fournir un cadre métaphysique au pyrrhonisme, et par là même à le relativiser. D'autre part, privée de ses solutions positives telles que la polynomie divine, libérée des barrières qui, tel le principe de non-contradiction, limiteraient sa négativité, la théologie négative cesse de remplir une fonction religieuse. Autrement dit, la théologie négative de l'*Apologie* permet à Montaigne de montrer que l'Etre est ailleurs, sans offrir, pour autant, aucun palliatif à cet éloignement. Encore faut-il que le discours montaignien convoie ce message ontologique sans le muer en une démonstration.

---

mon article publié dans la *South Central Review* 2 (1993), pp. 49-66.

[2] Telles semblent les interprétations divergentes que Raymond Esclapez et Françoise Joukovsky donnent à la théologie négative dans les *Essais*. V. Françoise Joukovsky, *Le regard intérieur*, Paris, Nizet, 1982, pp. 120, 184-185 et 226.

Réponse à la première objection: la foi, la persuasion et le mal.

Dès ses premières pages, l'*Apologie de Raimond Sebond* met en cause l'ouvrage qu'elle se propose de défendre. Le père de Montaigne a reçu cette "quinte essence tirée de S.Thomas d'Aquin" de Pierre Bunel qu'il considérait, de même que les autres savants de ses connaissances, comme des "personnes sainctes", divinement inspirées et dont les paroles devaient être religieusement recueillies. Pourtant la traduction de l'ouvrage devait beaucoup plus au hasard qu'à la révérence religieuse. Le livre a été tiré "de fortune" d'un tas de vieux papiers, et Montaigne, se trouvant alors "de fortune" libre d'autres occupations, a accepté ce travail par amour filial[3]. Somme toute, la genèse de l'*Apologie* représente des similarités avec l'inquiétante histoire religieuse de la France. En offrant le livre à son hôte, Pierre Bunel prévoyait d'ailleurs "par discours de raison" l'avenir tumultueux de sa patrie: n'ayant pas la capacité de juger des choses mêmes, le peuple libéré par Luther serait emporté par la fortune et les apparences loin de l'autorité des lois. La figure du père de Montaigne reflète, elle aussi, une même faiblesse de jugement doublée par le respect excessif envers l'autorité du savoir. Quoique n'ayant pas de "loy" de juger la science de ses invités, le père de l'écrivain s'était targué de culture conformément à l'esprit du temps, et considérait les doctes comme des "personnes sainctes et ayans quelque particuliere inspiration de sagesse divine" (II, 12, 438-440). C'est dans cette conjonction de la fortune et d'une sainteté socialement reconnue, mais favorisée en fait par la

[3] V. l'article de Jean Céard qui pose l'hypothèse de la traduction par Montaigne d'une version manuscrite de la *Theologia naturalis* ["Montaigne, traducteur de Raimond Sebond", *Montaigne Studies*, 1-2 (1993), pp. 11-26]. Pour la discussion de cette proposition v. François Rigolot, "Editing Montaigne's Translation of Sebond's *Theologia*: which Latin Text Did the Translator Use?", *Montaigne Studies*, 1-2 (1995), pp. 53-67.

déficience des “lois” du jugement et de celles de l’autorité publique, que se dessine déjà l’inutilité de l’entreprise de l’apologiste[4].

La structure de l’argumentation de Montaigne confirme cette diagnose. Pour la clarté de l’exposé, voici un schéma simplifié de l’*Apologie* qui aidera à situer l’analyse dans l’espace compositionnel de cet essai:

438		REPONSE A LA PREMIERE OBJECTION
448		REPONSE A LA DEUXIEME OBJECTION
	449>	"DOCTRINE DE L’IGNORANCE"
		L’HOMME PARMI LES AUTRES CREATURES
	488	
	498-501>	"DOCTRINE DE L’IGNORANCE"
		LE PYRRHONISME
	506>	
		LE DOGMATISME
	512	
		"DEVINER DIEU PAR NOS ANALOGIES"
	536	
		CONNAISSANCE DES CHOSES HUMAINES ET NATURELLES
	557-61>	APOSTROPHE A LA DEDICATAIRE
		"TESMOIGNAGES DE NOSTRE IMBECILLITE"
	601	
		PLUTARQUE ET SENEQUE
604		

[4] Il semble donc important de ne pas dissocier ces premières pages de l’*Apologie* d’avec le reste de l’essai. Pour un point de vue opposé v. par exemple Philip J. Hendrick, “Le dialogue de Montaigne: l’*Apologie* de Raimond Sebond”, in *Montaigne et les Essais (1580-1980)*, Paris - Genève, Champion - Slatkine, 1983, pp. 213-221.

Comme on se le rappelle, la première objection que l'on oppose à Sebond est qu'il est inutile d'accréditer par des raisons humaines la "creance" qui ne résulte que de la foi et de la grâce divine. Rien de plus vrai, semble répondre l'apologiste, en retournant le reproche à son profit, puisque...

> La foy venant à teindre et illustrer les argumens de Sebon, elle les rend fermes et solides... (447A)

Et comme pour renforcer cette thèse, Montaigne cite l'exemple d'un lettré de sa connaissance détourné "par l'entremise" des argumens de Sebond du chemin de l'erreur. Il importe cependant de remarquer que les raisons de Sebon ne servent ici que d'intermédiaires. Conformément à l'orthodoxie, elles ne font que "mettre à la voye de la connaissance", "rend[ent] capable" l'"apprenti" en attendant que la conversion soit parachevée par la grâce.

Or, cette dernière apparaît ici accompagnée d'une modalité conditionnelle réitérée. Certes, il existe toujours des *raisons* valables pour défendre notre foi. Par exemple, en comparaison avec Platon,

> nostre cœur et nostre ame estant regie et commandée par la foy, *c'est raison* qu'elle tire au service ce son dessain toutes noz autres pieces selon leur portée.
>
> (446A - souligné J.M.)

Toutefois, c'est la grâce qui "*devroit*" nous attacher à Dieu, et la réitération verbale témoigne assez de l'importance que Montaigne accorde au mode hypothétique de cette affirmation:

> "Le neud qui *devroit* attacher nostre jugement et nostre volonté, qui *devroit* estreindre nostre ame et joindre à nostre createur, ce *devroit* estre un neud prenant ses repliz et ses forces, non pas de nos considerations, de nos raisons et passions, mais d'une estreinte divine et supernaturelle, n'ayant qu'une forme, un visage et un lustre, qui est l'authorité de Dieu et sa grace.
> (446A - souligné J.M.)

L'univers est l'image de son Créateur et il nous appartient de nous accuser nous-mêmes de ne pas pouvoir la découvrir. Notre raison et nos argumentations ne sont qu'"une masse informe" si la foi et la grâce ne les illuminent. Ainsi les vertus de Caton et celles de Socrate restent "vaines et inutiles", car elles n'étaient pas dirigées par l'obéissance envers Dieu que ces anciens ignoraient. Dans ce contexte la neutralité apparente des participes ("nostre ame estant regie et commandée par la foy", "La foy venant à teindre et illustrer les argumens de Sebond") acquiert aussi une modalité conditionnelle: si le lecteur de Sebond bénéficie de la grâce divine, les arguments du théologien peuvent lui servir d'"acheminement" et de "premiere guyde". D'ailleurs Montaigne ne dit pas que son ami, marqué par la lecture de Sebond s'est "converti"; il affirme uniquement qu'il a été "ramené" de ses erreurs. Par conséquent la question si la foi vient effectivement informer le discours de la raison humaine resterait largement ouverte.

Or, la première moitié de la réplique de Montaigne manifeste sur ce point un extrême pessimisme. Certes, il faut accompagner notre foi de tout le pouvoir de notre raison, il faut honorer Dieu non seulement en esprit, mais aussi par "nos mouvements et les choses externes". Toutefois Montaigne craint que ce ne soit que par la raison, ou pire même, par des gestes tout humains, que nous jouissons de la "supernaturelle et divine science".

> Si nous tenions à Dieu par l'entremise d'une foy vive; si nous tenions à Dieu par luy, non par nous;... (441A)

...non seulement notre croyance ne serait pas ébranlée par les contingences de la vie sociale ou politique, comme elle l'est en effet, mais elle ne serait pas affectée non plus par tous les arguments rhétoriques du monde. Or la "celeste institution" ne marque que notre langue, tandis qu'un moindre rayon de grâce suffirait pour illuminer l'homme dans sa totalité. Le jugement de Montaigne est donc implacable: la possibilité de la foi, conditionnellement avancée dans les pages qui suivent, est minée d'avance. Pour illustrer ce verdict Montaigne brosse avec une ironie acerbe le tableau de la France déchirée par les guerres de ceux qui confondent l'"accroire" de la rhétorique humaine et le "croire" de la foi divine.

Mais la critique de Montaigne va plus loin dès cette réplique à la première objection. L'évidente horreur qui nous entoure prouve que notre situation est encore pire: non seulement la foi vive, mais aussi la persuasion rhétorique nous fait défaut. Si seulement Dieu était cru comme "une autre histoire", "comme un de nos compaignons", "de pareille authorité qu'un discours philosophique", notre vie en serait déjà changée, notre peur de la mort en serait transformée en un désir tout mystique d'être "dissout", d'"estre avec Jesus-Christ" (444-445ACA). Et, entre les deux fragments qui sapent jusqu'à l'espoir de fonder la foi sur la conviction rhétorique, comme en une sorte de cercle le plus bas, Montaigne loge après 1588, ses réflexions sur le blasphème:

> ...quel goust nous attire au blasphemer, sinon à l'adventure le goust mesme de l'offence? (444C)

Le mal se dérobe ici à toute motivation externe, il ne trouve qu'en lui-même sa raison d'être, compromettant d'avance toute tentative de dissuasion rationnelle. Il importe de noter que dans ces premières pages de l'*Apologie* la négativité acquiert donc une sorte d'autarcie, d'existence autonome. Par son autotélisme, le mal fournit un plaisir spécifique tout comme la vertu, qui - comme l'attestent maints fragments des *Essais* - ne devrait trouver qu'en elle-même sa satisfaction. Il y a plus, dans un autre allongeail de la même époque, le mal se mue ironiquement en une cause pervertie de la foi:

> Plaisante foy qui ne croit ce qu'elle croit que pour n'avoir le courage de le descroire! (445C)

En mettant aussi radicalement en doute la foi de ses contemporains, Montaigne répond pertinemment à la première critique adressée à Sebond: certes, la croyance aurait dû reposer sur la foi vive, mais celle-ci est absente de ce siècle voué au mal. Donc, à défaut de foi, la raison et les "moyens humains" ne devraient pas être négligés non plus.

Réponse à la seconde objection: critique de la raison et ontologie.

Or, le problème est que, dès cette première réplique, ces ressources naturelles sont, elles aussi, mises en question. Elles sont entachées par la déficience, visible dans la métaphore des "discours" humains perçus comme "masse informe", "matiere lourde et stérile", image qui connote la potentialité passive et, dans une tradition plus platonicienne, le non-être. Il n'est donc pas étonnant que Montaigne avoue à l'issue de cette première réplique s'être déjà engagé dans la seconde, consacrée, elle, à défendre Sebond contre ceux qui lui reprochent la faiblesse de ses arguments.

Comme on le sait, pour contrecarrer cette nouvelle attaque, Montaigne entend égaler les raisonnements de Sebond à ceux de ses adversaires, en refusant toute valeur aussi bien aux uns qu'aux autres[5]. Bien qu'il souligne son dilettantisme en matière de théologie (440A), il importe de remarquer que cette démonstration implacable de la "vanité et deneantise de l'homme" construite par l'essayiste porte dans sa majeure partie sur des questions métaphysiques, et plus précisément théologiques[6]. Ainsi, en première étape, Montaigne anéantit les ambitions illusoires de l'homme et le replace, "despourveu de la grace et cognoissance divine, qui est tout son honneur, sa force et le fondement de son estre" (449A) parmi les autres créatures. Une fois ce travail de destruction accompli, il se tourne dans un second temps vers les possibilités dont dispose l'homme de connaître la nature et soi-même: "Voyons si nous avons quelque peu plus de clarté en la cognoissance des choses humaines et naturelles" (536A).

---

[5] V. l'ouvrage fondamental d'André Tournon, *Montaigne. La glose et l'essai*, Lyon, Presses Universitaires de Lyon, 1983, pp. 241-244.

[6] Sur l'importance du discours théologique dans l'*Apologie* v. Elaine Limbrick, "Métamorphose d'un philosophe en théologien" in *Montaigne. 'Apologie de Raimond Sebond'. De la 'Theologia' à la 'Théologie'*, éd. Claude Blum, Paris, Champion, 1990, pp. 229-246.

Or, si l'on examine de près le début de la réponse à la seconde objection, on remarque qu'en voulant arracher à l'homme "les chetives armes de la raison" (448A), Montaigne utilise la théologie négative comme le fer de lance métaphysique de sa critique. Celle-ci débute dans la première version du texte par une série de sentences pauliennes, paroles du Saint Esprit qui auraient suffi à elles-mêmes pour convaincre les lecteurs de ce que la sagesse humaine n'est que folie devant Dieu[7]. Telle celle-ci, que Montaigne garde inscrite dans sa bibliothèque:

> ...l'homme, qui n'est rien, s'il pense estre quelque chose, se seduit soy mesmes et se trompe... (449A - *Ga.*, 6,3)

Après 1588, dans un esprit tout à fait similaire à celui de la pastorale des humanistes chrétiens du debut du siècle, Montaigne met encore plus en valeur l'objectif de son entreprise: "Abbattons ce cuider..." Le regard condescendant porté sur l'homme privé de la grâce nécessaire à soutenir son être laisse pressentir la conclusion annoncée par les citations bibliques. "En ce bel equipage" de ses facultés naturelles, l'homme n'est rien.

L'argumentation rationnelle qui suit cette mise au point scripturaire ne fait que remettre l'homme à sa place dans la hiérarchie des êtres: non pas impudemment accouplé avec Dieu - comme le voulait le stoïcien Balbus du *De natura deorum* de Cicéron (450A)[8], mais bien parmi les autres créatures. Là, malgré les différences "des ordres et des degrez", il se situe "soubs le visage d'une mesme nature", sans dépasser ni vers le haut, ni vers le bas la condition "moyenne" qui lui a été assignée (459A). Il faut l'y ranger cependant par force en quelque sorte, tant l'ambition le pousse à enjamber les échelons de l'ordre naturel.

C'est dans cette perspective qu'il importe de considérer la comparaison des facultés humaines et celles des animaux. Si Montaigne reprend à Sextus Empiricus l'exemple du chien dialecticien sur le

---

[7] II, 12, 449 - 1 *Epître aux Corinthiens*, 1.

[8] *De nat. deo.*, II, liii, 133.

croisement des chemins, il n'y a là rien qui ne puisse prendre place dans un discours théologique (463A). En polémiquant avec Wenck, Cusanus souligne qu'un chien de chasse, comme tout autre animal, est capable d'inférences logiques correctes. Tel fut du moins l'avis de Philon le Juif, rapporté par saint Jérôme. Toutefois, continue le cardinal, l'inférence est nécessairement limitée par un *terminus a quo* et un *terminus ad quem*. Par conséquent, elle opère dans le domaine de la raison (*ratio*) où les extrêmes sont séparés et opposés. Or les choses que l'on oppose les unes aux autres sont appelées contradictoires. En revanche dans le domaine de l'intellect (*intellectus*) l'inférence cède la place à l'appréhension mentale directe, tandis que les opposés coïncident. Dieu qui est, comme le souligne Denys l'Aréopagite, le Contraire des contraires, dépasse la coïncidence des contradictoires elle-même[9]. Cette hiérarchisation de la connaissance immatérielle, autrement dit de la contemplation, a permis aux disciples de Denys de concevoir leur anti-rationalisme intellectuel[10]. De même chez Montaigne, la connaissance rationnelle est circonscrite par des limites ontologiques contraignantes. Du moins la raison est capable de se donner son "dernier coup d'escrime" suicidaire. Il en est ainsi grâce à la

---

[9] Cusanus, *Apologia Doctae Ignorantiae*, 20-22: "Hinc uti venaticus canis utitur in vestigiis per sensibile experimentum discursu sibi indito: ut demum ea via ad quesitum attingat, sic quodlibet animal suo modo: et sapientissimus philo eapropter omnibus animalibus dixit rationem inesse, uti beatissimus recitat ieronimus in de illustribus viris, sic homo logica. Nam ut ait Algazel, logica nobis naturaliter indita est, nam est vis rationis, rationabilia vera animalia ratiocinantur, ratiocinatio querit et discurrit, discursus est necessario terminatus inter terminos a quo et ad quem, et illa adversa sibi dicimus contradictoria. Unde rationi discurrenti termini oppositi et disiuncti sunt, quare in regione rationis extrema sunt disiuncta, ut in ratione circuli quod est quod linee a centro ad cirumferentiam sint equales: centrum non potest coincidere cum circumferentia, sed in regione intellectus qui vidit in unitate numerum complicari, et in puncto lineam et in centro circulum: coincidentia unitatis et pluralitatis puncti et linee centri et circuli attingitur visu mentis sine discursu, uti in libellis de coniecturis videre potuisti, ubi etiam super coincidentiam contradictoriorum deum esse declaravi: cum sit oppositorum oppositio secundum dyonisium" (in *Werke*, éd. Paul Wilpert, Berlin, Walter de Gruyter & Co, 1967, t. 1, pp. 108-109).

[10] V. Charles de Bovelles, *De Sapiente*, XIII.

transcendance de l'être par rapport à la connaissance: que l'objet de notre investigation nous échappe par son altérité, ne signifie pourtant pas qu'il n'existe pas.

> Et quoy! avons nous veu quelque chose semblable au soleil? Laisse il d'estre, par ce que nous n'avons rien veu de semblable? et ses mouvements d'estre, par ce qu'il n'en est point de pareils? (452C)[11]

C'est pourquoi les pages consacrées à replacer l'homme parmi les autres créatures s'achèvent sur une reprise du thème du "cuider" et une nouvelle attaque contre la prétention au savoir, source originelle du péché (488). Ainsi, dans un mouvement qui, dans un premier temps seulement, semble fort érasmien, la sagesse humaine est dépassée par la folie douce d'un Lycas ou d'un Thrasilaus, pour conduire, finalement, à un "renvoy non seulement à l'ignorance, pour y estre à couvert, mais à la stupidité mesme, au non sentir et au non estre" (495- 496A).

La théologie négative et les sectes philosophiques.

Avec cet appel au néant Montaigne se tourne vers les ressources de la théologie négative, et tout particulièrement vers la docte ignorance cusienne[12]. Il est important de noter que cette influence se manifeste

---

[11] La note correspondante dans l'édition Villey-Saulnier renvoie à *De natura deorum*, I, xxxi, 88. L'académicien Cotta s'y livre à une violente attaque dirigée contre l'épicurisme, en montrant ses conséquences théologiques inacceptables: "Quid? deum ipsum numne vidisti? Cur igitur credis esse?".

[12] Raymond Esclapez a démontré que la "doctrine de l'ignorance" des *Essais*, placée sous le signe de Socrate, saint Paul, saint Augustin et de l'*Ecclésiaste*, renvoie à l'esprit et à la stratégie des arguments de la *Docte ignorance*. Parmi les preuves textuelles citées, cette phrase de saint Augustin - "Melius scitur deus nesciendo"-, ajoutée après 1588 aux *Essais*, et très probablement suggérée par la lecture de *l'Apologia Doctae Ignorantiae*, 17 de Cusanus: "Et augustinus ait deum potius ignorantia quam scientia attingi". Sur l'utilisation de l'*Ecclésiaste* par Montaigne v. Jean Céard, "Montaigne et l'*Ecclésiaste*.

particulièrement sur les pages de l'*Apologie* qui introduisent la discussion du scepticisme à proprement parler. C'est à travers un rappel condensé de la théologie négative dionysienne que Montaigne mène son lecteur vers la classification des sectes philosophiques empruntée à la toute première page de Sextus Empiricus (502A). Mais plus que d'introduction, la réflexion théologique sert de cadre au fragment consacré au pyrrhonisme. En effet, la perspective théologique reprend quelques pages plus loin, en marquant une transition avant la discussion du dogmatisme qui n'est autre chose qu'un "Pyrrhonisme soubs une forme resolutive" (506-507). Ainsi l'analyse des écoles sceptiques apparaît comme une parenthèse nettement délimitée dans le texte et correspond à l'objet exceptionnel auquel elle est vouée. Renonçant à parler de l'homme en général ("en sa commune façon et en gros"), Montaigne y choisit de "prendre l'homme en sa plus haute assiete" (501A)[13]. La philosophie antique représente ainsi le sommet de ce qu'avait pu produire "ce petit nombre d'hommes excellents", individus exceptionnels par leur force naturelle raffermie par l'art. Toutefois cette "hauteur extreme de l'humaine nature" appartient déjà à un passé révolu. En outre, parmi les trois systèmes philosophiques, seul le pyrrhonisme sera retenu comme "l'humaine invention" qui aurait pu le plus efficacement vider l'homme de ses prétentions pour le préparer à recevoir la grâce divine. Les deux autres approches philosophiques sont rejetées. Le sort du dogmatisme, assimilé à un "jeu", une fiction plaisante et subtile de l'esprit, sera réglé ultérieurement (508; 511). En revanche, les Académiciens,

---

Recherches sur quelques sentences de la 'librairie'", *Bibliothèque d'Humanisme et Renaissance*, 33 (1971), pp. 367-376.

[13] Sur cette distinction fondamentale v. les articles de Claude Blum: "Les *Essais* de Montaigne: les signes, la politique, la religion", in *Columbia Montaigne Conference Papers*, éd. Donald M. Frame, Mary B. McKinley, Lexington, French Forum, 1981, p. 21 et suivantes; "L'*Apologie de Raimond Sebond* et le déplacement de l'apologétique traditionnelle à la fin du XVIe siècle", in *Le signe et le Texte. Etudes sur l'écriture au XVIe siècle en France*, éd. Laurence D. Kritzman, Lexigton, French Forum, 1990, p. 166 et suivantes.

désespérant de pouvoir jamais atteindre la vérité, sont immédiatement soumis à la critique.

> L'ignorance qui se sçait, qui se juge et qui se condamne, ce n'est pas une entiere ignorance, pour l'estre, il faut qu'elle s'ignore soy-mesme. (502A)

Ainsi formulée, les reproches contre les Académiciens auraient pu être considérés comme une attaque implicite contre la docte ignorance, ce non-savoir conscient de lui-même. Il en aurait été ainsi uniquement si l'on oubliait que Montaigne débat des trois écoles antiques dans le cadre précis de la parenthèse ouverte dans les considérations théologiques (pp. 501-506). Or, pour la théologie négative, se reconnaître ignorant n'est point une connaissance. En effet, Bovelles utilise une formule similaire à celle employée par Montaigne, mais pour défendre la docte ignorance contre ceux qui lui reprocheraient de se muer en un savoir humain:

> Or savoir que l'on ne peut comprendre ce n'est pas du tout comprendre; savoir que l'on ne sait pas ce n'est pas savoir; pourtant de Dieu nous ne pouvons prétendre à un autre savoir qu'à celui de notre ignorance et de notre nescience à son endroit; autrement Dieu reste pour nous dans la nuit de nostre ignorance et ne peut en fin de compte être saisi par nous. *De Nihilo*, VII[14]

Pour Bovelles, conformément à l'enseignement de Cusanus, l'ignorance consiste en ce que l'esprit fini de l'homme est incapable de saisir l'infini divin. Cependant la conscience de ce fait n'est pas un savoir positif. Il en est ainsi, car la docte ignorance est un don de Dieu. En revanche, telle qu'elle est décrite par Montaigne, la négation des Académiciens est bien le produit de la raison humaine. C'est pourquoi l'aveu de l'ignorance se transforme dans ce cas en un nouvel triomphe du cuider. Comme Montaigne le dira plus loin, toujours en référence aux Académiciens:

---

[14] "Scire autem se comprehendere non posse minime comprehendens est; scire se nescire scire non est; aliud tamen de deo scire nullum consequimur quam quod scimus a nobis illum ipsum ignorari ac nesciri; aut illum degere in tenebris in nostra ignoratione capi denique a nobis non posse" - éd. Pierre Magnard, Paris, Vrin, 1983, p. 94. V. à ce propos Françoise Joukovsky, pp. 184 et 214.

> Les uns tiennent en l'ignorance cette mesme extremité que les autres tiennent en la science. Afin qu'on ne puisse nier que l'homme ne soit immoderé par tout, et qu'il na point d'arrest que celuy de la necessité, et impuissance d'aller outre.
> (III, 11, 1035B)

Ainsi, la suspension pyrrhonienne du jugement demeure seule à l'intérieur de la parenthèse philosophique ouverte par la théologie négative et consacrée aux plus grandes acquisitions de l'esprit humain. Est-elle totalement exempte de critique?

Il est certain que c'est là "l'humaine invention" que Montaigne juge être la plus défendable. Pourtant sa présentation même semble marquée par un ton railleur[15]:

> Ils ne mettent en avant leurs propositions que pour combatre celles qu'ils pensent que nous avons en nostre creance. Si vous prenez la leur, ils prendront aussi volontiers la contraire à soustenir: tout leur est un; ils n'y ont aucun chois. Si vous establissez que la nege soit noire, ils argumentent au rebours qu'elle est blanche. Si vous dites qu'elle n'est ny l'un ny l'autre, c'est à eux à maintenir qu'elle est tous les deux. Si par certain jugement, vous tenez que vous n'en sçavez rien, ils vous maintiendront que vous le sçavez. (503A)

La danse "au rebours" des propositions conditionnelles se termine sur un rien, rapidement substantivé comme dans le théâtre de la folie du début du siècle ("ils vous maintiendront que vous *le* savez")[16]. Et si ce sont bien les dogmatistes qui recevront les couleurs de la folie, le doute pyrrhonien en ressent, semble-t-il de ce voisinage:

---

[15] Dans son excellent article "L'ironie dans l'*Apologie*" (in *Montaigne. 'Apologie de Raimond Sebond'*..., pp. 247-259), Daniel Ménager souligne les liens entre l'ironie montaignienne et les effets de polyphonie et d'hyperbolisation.

[16] Sur la disparition progressive de "rien" comme substantif féminin et sur les progrès du substantif masculin entre le XIVe et le XVIe siècle v. Robert Martin, *Le mot "rien" et ses concurrents en français (du XIVe siècle à l'époque contemporaine)*, Paris, Klincksieck, 1966. V. aussi Lena Löfstedt, "*Rien* et *chose*. Etude lexicographique sur la base de trois traductions", *Studia Neophilologica. A Journal of Germanic and Romance Philology*, 44 (1972), pp. 326-344. Je remercie Marie-Luce Demonet de m'avoir suggéré cette dernière référence.

> Pourquoy ne leur sera il permis, disent ils, comme il est entre les dogmatistes à l'un dire vert, à l'autre jaune, à eux aussi de doubter? (503B)

Il semble qu'ainsi inséré dans le contexte de la théologie négative qui l'introduit, le pyrrhonisme révèle mieux au lecteur de l'*Apologie* ses limitations et ses avantages. Parmi les productions des plus excellents esprits, il occupe, certes, la position suprême quant à sa "verisimilitude" et son "utilité". Néanmoins, compositionnellement encadrée par le débat théologique, cette option philosophique est bien une "*humaine* invention", c'est-à-dire la meilleure attitude possible face à l'Inconnaissable intervention de la grâce. Un statut privilégié donc, mais seulement parmi les choix, forcément imparfaits, dont dispose l'esprit humain.

Cette ambivalence du jugement porté par Montaigne sur le pyrrhonisme semble confirmée par sa critique de la philosophie dogmatique. Car, comment comprendre ce curieux signe d'équation qui égale le dogmatisme à "un Pyrrhonisme soubs une forme resolutive" (507A)? D'une part un tel universalisme consacre la suprématie de l'école de Pyrrhon parmi les sectes philosophiques. D'autre part cependant, le doute sceptique n'est plus le sommet de l'intellect humain, mais juste un dénominateur commun minimal auquel tout philosophe pourrait réduire sa pensée, pourvu qu'il ne se laisse pas emporter par une stupide présomption. En dernière instance la différence séparant le doute pyrrhonien du dogmatisme serait d'ordre stylistique. Ce dernier, produit d'un jeu et exercice philosophique, essayerait de recouvrir ses incertitudes d'une agréable apparence, faute de pouvoir fournir à ses disciples les éléments de la vérité (508; 511)[17].

---

[17] V. aussi dans la partie consacrée à la connaissance "des choses humaines et naturelles": "Moy, j'ayme mieux croire qu'ils ont trouvé la science casuellement, ainsi qu'un jouet à toutes mains..." (545A). Sur les rapports entre le pyrrhonisme et le dogmatisme, v. Frédéric Brahami, *Le scepticisme de Montaigne*, Paris, Puf, 1997, p. 55.

La critique du langage: "deviner Dieu par nos analogies".

Pour exemplifier de tels exercices intellectuels Montaigne se lance dans la présentation critique des "analogies et conjectures" par lesquelles l'homme tend à la connaissance de Dieu (512-536). La réflexion sur les "noms divins" - ou plutôt sur leur inadéquation - évoque chez les lecteurs contemporains de Montaigne la théologie négative de l'infinie disproportion entre la transcendance de Dieu et les insuffisances du langage de l'homme. Toutefois, comme le soulignent les disciples de Denys l'Aréopagite, le revers de l'apophasie qui nous frappe face à l'ineffable divin est une libération paradoxale des ressources du langage. Si tous les noms forgés par l'homme sont également indignes de désigner l'Absolu, il n'existe pas de raison valable d'en refuser aucun, si indigne soit-il[18]. Or Montaigne ne retient de cette sémiotique du divin que son versant négatif, soumettant à une impitoyable critique la conception du Dieu omni-nommable, si importante pour la dialectique du Rien et du Tout chez Marguerite de Navarre.

En apparence, Montaigne semble débuter sa critique du langage humain précisément en évoquant le paradoxe du Dieu ineffable, mais aussi désigné par des noms multiples:

> De toutes les opinions humaines et anciennes touchant la religion, celle là me semble avoir eu plus de vray-semblance et plus d'excuse, qui reconnoissoit Dieu comme une puissance incomprehensible, origine et conservatrice de toutes choses, toute bonté, toute perfection, recevant et prenant en bonne part l'honneur et la reverence que les humains luy rendoient soubs quelque visage, sous quelque nom et en quelque maniere que ce fut... (513A)

---

[18] Sur le motif de Dieu ineffable et omninommable v. Pseudo-Denys l'Aréopagite, *Noms divins*, 1, 6, 596A (éd. Maurice de Gandillac, Paris, Aubier, 1943) de même que, par exemple, la correspondance de Marguerite de Navarre et de Gauillaume Briçonnet (surtout la lettre du 5 février 1522, éd. par Christine Martineau, Michel Veissière, Henry Heller, Genève, Droz, 1975). Antoine Compagnon consacre aussi des pages suggestives au problème du nom de Dieu dans les *Essais*, sans se référer pourtant à la tradition dionysienne (*Nous, Michel de Montaigne*... p. 127 et suivantes, 161 et suivantes).

Et pour que le lecteur ne perde pas de vue la critique dionysienne du langage il ajoute - immédiatement après dans la première couche du texte - une référence au discours de saint Paul à l'Aréopage, la véritable source de la légende de "saint Denys":

> Et, de toutes les religions que Saint Paul trouva en credit à Athenes, celle qu'ils avoyent desdiée à une Divinité cachée et inconnue luy sembla la plus excusable. (513A)[19]

Développé par un allongeail ultérieur, qui s'insère entre ces deux passages, le problème du Dieu omninommable s'exprime par un débat sur le polythéisme païen. Il y a là une première dérogation à la tradition de la théologie négative: à l'abstraction de la contemplation individuelle du mystique, Montaigne substitue la situation historiquement concrète des sociétés antérieures à la venue du Christ. Les fausses images des mythes auraient ainsi servi d'une sorte de première révélation par laquelle Dieu aurait parlé à la raison naturelle des païens, en contribuant ainsi à policer leurs sociétés. Toutefois la perspective d'une sorte de *prisca theologia* pragmatique qui se dessine ainsi est rapidement vouée à l'échec.

Premièrement, le fragment inséré après 1588 s'ouvre par un distique de Valerius Soranus qui est une invocation à Jupiter, père et mère de toutes les choses, des rois et des dieux. Ce fragment est cité d'après *La Cité de Dieu*[20]. Or, en présentant ces deux hexamètres à son lecteur, saint Augustin avoue clairement les avoir empruntés au livre que Varron consacre au culte des dieux, théologie païenne dont l'évêque d'Hippone s'attache justement à démontrer les absurdes inconséquences. L'argumentation de saint Augustin entend plus précisément prouver que le partage des compétences entre les déités païennes, et par conséquent les

---

[19] V. *Actes*, 17, 22-34.

[20] Comme l'atteste la note de l'édition Villey-Saulnier, ce passage inséré en [C] à la p. 513 est cité d'après *De civ. dei*, VII, ix et xi: "Jupiter omnipotens rerum, regumque deumque / Progenitor genitrixque..."

distinctions établies entre elles, sont loin de suivre un ordre hiérarchique. Les tâches et les responsabilités assignées aux divers dieux restent tout à fait fortuites et, pour la plupart, redondantes, ce qui entraîne tout le panthéon classique dans le chaos. La vision de la polynomie divine qui s'ensuit n'est pas celle d'une riche célébration des infinis attributs du Dieu unique. Il s'agit plutôt d'une coupable idolâtrie qui tente d'une façon intelligente, mais à l'avance vouée à l'échec, de motiver la divinisation de divers aspects de l'univers physique.

Deuxièmement, l'ironie montaignienne sape l'utilité sociale des images que l'homme se fait de la divinité. Certes la "religion purement mentale", complètement désincarnée ne convient point à l'esprit humain trop entaché de matière. Ailleurs Montaigne accusera les protestants de se servir de l'appartenance confessionnelle comme d'un signe extérieur de ralliement politique, malgré leur aspiration à "un exercice de religion si contemplatif et immateriel" (III, 8, 930B). Il importe donc de ne pas sous-estimer dans la formation spirituelle l'utilité de ces images par lesquelles Dieu a bien voulu faire entrevoir à l'homme ses inexprimables secrets. Toutefois, s'il était bien nécessaire de choisir un signe de la divinité, Montaigne se serait rallié à ceux qui adoraient le soleil. En effet, puisque - comme il vient de le souligner - la pensée humaine n'est qu'un jeu poétique à défaut d'être connaissance, le choix de cette "image" n'est pas pire qu'un autre. Si toutes nos tentatives de conceptualiser le divin pèchent par leur anthropomorphisme, l'"œil du monde" et le regard de Dieu semblent un choix acceptable. Pour le cautionner Montaigne cite le fragment de la *Remontrance au peuple de France* (vv. 64-78), où Ronsard avoue sarcastiquement que face aux schismes déchirant la chrétienté, il aurait préféré se faire païen et adorer le soleil , Cérès et Bacchus, s'il n'en était prévenu par la foi certaine dont Dieu lui a fait grâce. Le sarcasme de Ronsard vient donc appuyer l'antiphrase de Montaigne. Celui-ci renforce encore dans les derniers allongeails le sens ironique du passage, lorsque le culte solaire ouvre une longue liste d'imaginations fantaisistes de la divinité forgées par les penseurs antiques. Comme dans un banquet carnavalesque, le choix opéré parmi ce "tintamarre de tant de cervelles philosophiques" est tout aussi factice et vide que celui du roi de la fève (516C)[21].

Par conséquent, le corollaire positif de l'apophasie dionysienne, le caractère omninommable de Dieu, est tourné en dérision. Vouloir expliquer les dieux païens comme autant d'hypostases du Dieu chrétien revient à une déification blasphématoire de nos vices (517). Ainsi tombe la justification historique des "analogies" humaines de la divinité. La transcendance est absolue:

> Nous ne pouvons dignement concevoir la grandeur de ces hautes et divines promesses, si nous les pouvons aucunement concevoir: pour dignement les imaginer, il faut les imaginer inimaginables, indicibles et incomprehensibles, [C] et parfaictement autres que celles de nostre miserable experience. (518AC)

Montaigne ne retient donc de la théologie négative que l'altérité de Dieu, en négligeant son absolue identité à laquelle Cusanus a consacré le *De Li Non Aliud*[22]. Plus même, par une sorte de renversement qui lui est familier,

---

[21] Floyd Gray rapproche ce fragment des vers 179-184 de la *Remontrance au peuple de France* de Ronsard: "The 'Nouveaux Docteurs' and the Problem of Montaigne's Consistency in the *Apologie de Raymond Sebond*", *Symposium*, 18 (1964), p. 30. V. aussi l'image de la confusion babélienne des opinions humaines évoquée dans la partie consacrée à la connaissance de l'homme et de la nature: "Tout ce que nous entreprenons sans son assistance, tout ce que nous voyons sans la lampe de sa grace, ce n'est que vanité et folie; l'essence mesme de la verité, qui est uniforme et constante, quand la fortune nous en donne la possession, nous la corrompons et abastardissons par nostre foiblesse. Quelque train que l'homme preigne de soy, Dieu permet qu'il arrive tousjours à cette mesme confusion, de la quelle il nous represente si vivement l'image par le juste chastiement dequoy il batit l'outrecuidance de Nembrot et aneantit les vaines entreprinses du bastiment de sa Pyramide..." (553A).

[22] Il importe de souligner que la "non-altérité" de Dieu ne signifie aucunement que Cusanus penche vers le panthéisme: "Nunc vides quomodo recte theologi affirmarunt deum in omnibus omnia, licet omnium nihil" - (*De Li Non Aliud*, 6, 21). Cette union paradoxale de l'absolue transcendance et de l'absolue immanence est possible parce que Dieu se situe au-delà du principe de la non-contradiction, ainsi que le concevait Denys comme l'opposition des opposés. Aristote ne l'a pas compris et c'est pourquoi il a failli dans sa philosophie première, autrement dit philosophie de l'esprit (*mentali philosophia*):

il renforce encore l'aspect négatif de la tradition dionysienne. Non seulement Dieu est absolument inconnu à l'homme, mais encore "les choses les plus ignorées sont plus propres à estre deifiées" (516A)[23].

Ainsi l'on voit comment Montaigne dispose minutieusement les références aux traditions philosophiques et théologiques reconnaissables à ses lecteurs, pour les broyer ensuite dans le mortier critique de son discours. Tout d'abord cette philosophie des esprits supérieurs qu'est le pyrrhonisme trouve un cadre compositionnel dans la théologie négative. Grâce à un tel contexte métaphysique, cette invention de l'intellect humain se trouve fortement relativisée, malgré son indéniable excellence. Mais non seulement le scepticisme de Pyrrhon ne peut devenir un préambule commode à la foi. L'apophasie de la théologie négative ne débouche certainement pas non plus sur une transgression mystique à un niveau supérieur d'être, elle n'autorise aucun chant extatique à la louange de Dieu omninommable. La parole ne se fait jamais prière, mais plutôt bilan de ses propores faussetés. Ni la meilleure philosophie qu'est le pyrrhonisme, ni la théologie la plus lucide qu'est la théologie négative, ne servent de préambule à un dépassement de la déficience épistémologique et

---

"Philosophus ille certissimum credidit negativae affirmativam contradicere, quodque simul de eodem utpote repugnantia dici non possent. Hoc autem dixit rationis via id ipsum sic verum concludentis. Quodsi quis ab eo quaesivisset "quid est aliud?" utique vere respondere potuisset "non aliud quam aliud est". Et consequenter si quaerens adiecisset "quare aliud est aliud?" sane quidem, ut prius, dicere valuisset "quia non aliud quam aliud est". Et ita non-aliud et aliud neque sibi ut repugnantia vidisset contradicere. Atque illud quod primum principium nominat, pro viae ostensione perspexisset non sufficere ad veritatem quae supra rationem mente contemplatur" - *De Li Non Aliud*, 19, 88; cité d'après l'édition de Jasper Hopkins (Minneapolis, University of Minnesota Press, 1987).

[23] Il semble que nous ayons ici affaire à la deuxième partie de la construction qu'Edwin M. Duval a analysée sous le nom de "conversion" et qui consiste à opposer "au rebours" les deux parties d'un chiasme. En effet, si la théologie négative affirme que Dieu est la "chose" la plus ignorée, cette proposition "convertie" donne la phrase citée [v. Edwin M. Duval, "Montaigne's Conversions: Compositional Strategies in the *Essais*", *French Forum*. 7 (1982), pp. 5-22].

ontologique de l'homme. En conséquence, il se creuse entre nous et la transcendance un gouffre infranchissable.

Le pouvoir de la négation.

L'absolu de la transcendance divine, le néant de la condition humaine, tous les deux clairement affirmés, ne se rejoignent par aucune transgression mystique, aucune fusion du Rien de l'homme dans le Tout de Dieu. Dès lors rien ne permet de reconvertir, comme c'est le cas chez les dionysiens, la négativité paradoxale attribuée à Dieu en une positivité supra-essentielle. Pour Eckhart Dieu est appelé rien, car il est au-delà de l'être, tel que celui-ci peut être conçu par l'homme[24]. Marguerite de Navarre intègre ce motif mystique à sa christologie: Dieu s'anéantit dans l'incarnation. Dans tous ces cas la négativité de Dieu est comprise par rapport à la perspective du parcours spirituel du mystique. Celle-ci faisant de toute évidence défaut dans les *Essais*, la négation y reste dans sa déconcertante irréductibilité.

Tel est le cas des pages que la critique du langage dans l'*Apologie* voue à la toute-puissance de Dieu. Tout commence par un défi lancé à l'aristotélisme au nom de la vérité biblique. Nos prétendues "raisons", autrement dit nos "resveries et nos songes" ne sauraient limiter le pouvoir

---

[24] V. par exemple le sermon d'Eckhart sur les *Actes* 9, 8: "Surrexit autem Saulus de terra, apertisque oculis nihil videbat". Le "rien" que Paul a vu sur le chemin de Damas était Dieu Lui-même. V. aussi le sermon sur *Mt.*, 14, 22: "Et s'il n'est ni bonté, ni être, ni vérité, ni Un, qu'est-il donc? Il est Néant, il n'est ni ceci ni cela" - Maître Eckhart, *Sermons*, Paris, Seuil, 1974, t. 1, p. 201. Bovelles reconnaît dans l'association de Dieu et du Néant le point d'aboutissement de la théologie affirmative - celle qui adjoint à la divinité les noms de toutes les choses, à commencer par celles qui sont les plus dignes jusqu'à Rien lui-même: "Et non modo assertiva theologia a deo per cuncta media ad materiam usque et entium extremum devolvitur descenditque, sed et in nichilum usque pertransit ipsiusque nichili nomen deo interdum ascribit, veraciter predicans ac in mysterio pronuncians nichil esse deum, quem quod sit finire est impossibile cuiusve ratio et conceptio nulla est" - *De Nihilo*, p. 126.

de Dieu qui se manifeste par exemple dans la création *ex nihilo*, contredisant le principe selon lequel “rien ne se fait de rien” (523A). Cette défense de l’orthodoxie contre les atteintes de la raison humaine a pu être empruntée au sceptique “Baïf” des dialogues de Bruès[25]. Toutefois l’aboutissement de cette argumentation ne se limite pas à une attaque contre l’aristotélisme scolastique:

> Il m’a tousjours semblé qu’à un homme Chrestien cette sorte de parler est pleine d’indiscretion et d’irreverance: Dieu ne peut mourir, Dieu ne se peut desdire, Dieu ne peut faire cecy ou cela. Je ne trouve pas bon d’enfermer ainsi la puissance divine soubs les loix de nostre parolle. (527A)

En composant ce passage, Montaigne ne pouvait ignorer qu’il défiait les principes de la théologie scolastique et cela d’une façon plus radicale même que les lecteurs de Denys et de Cusanus, habitués pourtant à placer Dieu au delà de la coïncidence des opposés. En effet, si l’on n’écarte pas de Dieu la mort et le mensonge, on le libère par là du principe de la non-contradiction, la non-contradiction de sa propre divine nature. Or le principe de la non-contradiction est la limite que le pouvoir divin ne peut pas dépasser. “Dieu peut faire tout ce qui ne renferme pas de contradiction” - ainsi s’ouvre le *Tractatus de Principiis Theologiae* attribué à Ockham[26]. C’est là un lieu commun théologique dont la popularité peut être attestée par ce fragment d’un poème scientifique contemporain de l’édition posthume des *Essais*:

> Le pouvoir donc de Dieu sur tout cela s’estend
> Qui est; qu’on peut penser, reservé seulement

---

[25] Guy de Bruès, *Les dialogues*, éd. Panos Paul Morphos, Baltimore, The Johns Hopkins Press, 1953, pp. 122-123.

[26] “Deus potest facere omne quod fieri non includit contradictionem” - éd. Léon Baudry, Paris, Vrin, 1936, p. 45. V. aussi Ockham, *Ordinatio*, lib. II, quaest. vii (*Opera philosophica et theologica*, St. Bonaventure, N.Y., St. Bonaventure University, 1977, t. 5, p. 134): “Deus non potest facere quod duo contradictoria sint vera in eodem instanti”. Cf. Frédéric Brahami, pp. 41-48.

> Sur la chose qui est en soy contredisante,
> Ou d'imperfection qui ne se treuve exempte:
> Veu que l'une repugne au pouvoir du tres-haut
> Qui ne peut ni mourir, ni tomber en defaut:
> L'autre ne peut non plus advenir ni paroistre,
> Car ce qui est, ne peut & estre, & ne point estre.
>
> Joseph Du Chesne, *Le Grand Miroir du Monde*,
> Paris, Pierre Mettayer, 1595, p. 20.

On mesure donc à quel point la contestation du discours dans l'*Apologie* est radicale. En critiquant les limitations logiques que le langage humain impose à la divinité, cette page des *Essais* rappelle le défi lancé par le mage des *Actes des Apôtres*: Dieu ne peut se nier donc il n'est pas tout-puissant. Une sophistique évoquée avec horreur même par les disciples de Denys l'Aréopagite, rompus aux paradoxes du discours théologique[27].

La négativité qui transparaît ainsi dans l'*Apologie* ne laisse au lecteur aucun secours, aucune chance de désamorcer la contradiction (comme le fait le dogmatique "Ronsard" de Bruès), aucune possibilité de la dépasser vers la ténèbre de la communion avec le divin (comme le conçoivent les mystiques dionysiens). Au contraire, prélevée dans le discours théologique, la négativité est maintenue dans son intégralité et fonde le paradigme de la pensée. Car il est tout à fait significatif que sur cette page vouée aux occasions "grammairiennes" des troubles de ce monde, Montaigne accumule une série de propositions qui apparemment contredisent leur énonciation: le *hoc est* de la transsubstantiation, le paradoxe du menteur, l'assertion du doute pyrrhonien et enfin son propre "Que sais-je?". Elles offrent des exemples de contrariétés intellectuelles, destinées à provoquer la raison ou la foi de l'homme. Mais, par ailleurs, cette provocation est tellement irrationnelle, qu'elle ne peut se réduire à aucune vérité discursive positive et simple. Elle s'épuise plutôt dans son

---

[27] V. Guillaume Briçonnet, Marguerite de Navarre, *Correspondance (1521-1524)*, t. 1, p. 149. V. aussi la "*fallacia figurae dictionis*" discutée par Ockham (*Ordinatio*, lib. I, dist. 42, quaest. unica, in *Opera philosophica et theologica*, t. 5, p. 621). V. aussi Pseudo-Denys l'Aréopagite, *Noms Divins*, 8, 6. C'est le sorcier Elymas (*Ac.*, 13, 8 et non 8, 9-24) que Charles de Bovelles accuse à ce propos (*De Nihilo*, p. 64).

propre acte, de même que la rhubarbe, dont l'action médicinale repose sur l'apre "blessure" qu'elle fait à notre estomac, tout en se dissolvant à mesure qu'elle nous guérit:

> J'ignore, ou: Je doubte, ils disent que cette proposition s'emporte elle mesme, quant et quant le reste, ny plus ne moins que la rubarbe qui pousse hors les mauvaises humeurs et s'emporte hors quant et quant elle mesmes. (527A)[28]

Il n'est pas négligeable que cette pensée curative, mais qui "s'emporte elle mesme", soit compositionnellement enraçinée dans la théologie négative. Contrairement au scepticisme classique, celle-ci place le débat non seulement sur le plan épistémologique mais aussi métaphysique. Dès lors la théologie rationnelle et naturelle, celle qui affirme que "cela, c'est Dieu" peut être parodiée dans une hyperbolique accumulation de ses raisonnements:

> Si Dieu est, il est animal; s'il est animal, il a sens; s'il a sens, il est subject à corruption. S'il est sans corps, il est sans ame, et par consequant sans action; et, s'il a corps, il est perissable. Voylà pas triomfé? (530B)

L'"humaine invention" du pyrrhonisme cernée par le discours théologique; celui-ci inspiré lui-même par le radicalisme de la tradition dionysienne, dont, à son tour, n'est retenu que le versant le plus négatif, le plus troublant: en somme une métaphysique d'une impardonnable lucidité. Est-ce que la dernière partie de l'*Apologie* confirme cette lecture de l'essai?

---

[28] V. aussi I, 30, 200A: "L'amertume et la difficulté sont circonstances servants à leur [des "drogues"] operation. Le naturel qui accepteroit la rubarbe comme familiere, en corromproit l'usage: il faut que ce soit chose qui blesse nostre estomac pour le guerir; et icy faut la regle commune, que les choses se guerissent par leurs contraires, car le mal y guerit le mal".

"Un coup desespere".

A ce propos on évoque souvent un fragment qui ouvre le dernier mouvement de l'*Apologie*:

> Ayant essayé par experience que ce à quoy l'un s'estoit failly, l'autre y est arrivé, et que ce qui estoit incogneu à un siecle, le siecle suyvant l'a esclaircy, et que les sciences et les arts ne se jettent pas en moule, ains se forment et figurent peu à peu en les maniant et pollissant à plusieurs fois, comme les ours façonnent leurs petits en les lechant à loisir: ce que ma force ne peut descouvrir, je ne laisse pas de le sonder et essayer; et, en retastant et pétrissant cette nouvelle matiere, la remuant et l'eschafant, j'ouvre à celuy qui me suit quelque facilité pour en jouir plus à son ayse, et la luy rends plus soupple et plus maniable, (...) Autant en fera le second au tiers: qui est cause que la difficulté ne me doit pas desesperer, ny aussi peu mon impuissance, car ce n'est que la mienne. (560-561A)

Ces lignes semblent inspirer l'optimisme: la confiance en le progrès des connaissances et en l'intégration de l'effort intellectuel dans l'entreprise collective de l'humanité[29].

Néanmoins, pour mieux comprendre les "tesmoignages de nostre imbecillité" (576A) que Montaigne accumule dans la dernière partie de l'*Apologie*, il importe de situer ce fragment souvent cité hors de son contexte dans le commentaire métatextuel dont il fait partie. Celui-ci est, on se le rappelle, la fameuse apostrophe à la dédicataire de l'*Apologie* qui définit la stratégie suicidaire de l'attaque montaignienne, "un coup desespere, auquel il faut abandonner vos armes pour faire perdre à vostre adversaire les siennes..." (558A).

C'est dans ce contexte que Montaigne offre à la princesse un avertissement et un conseil:

---

[29] V. Raymond Esclapez, p. 38; Mary McKinley, "L'accomplissement de l''Apologie de Raimond Sebond': esthétique et théologie", in *Bulletin de la Société des Amis de Montaigne*, 13-16 (1988-1989), pp. 62-63; Robert Aulotte, "Autour de l'*Apologie*: Montaigne et le devoir de s'essayer", in *Montaigne. Regards sur les 'Essais'*, éd. Lane M. Heller, Felix R. Atance, Waterloo, Ontario, Wilfrid Laurier University Press, 1986, pp. 17-20.

> Nous secouons icy les limites et dernieres clotures des sciences, ausquelles l'extremité est vitieuse, comme en la vertu. Tenez vous dans la route commune, il ne faict mie bon estre si subtil et si fin. (558A)

Ce plaidoyer en faveur de la modération dans les "opinions", "discours" et mœurs détonne de la part de celui qui sonde les extrêmes bornes de la connaissance. Bien que forcé à se perdre lui-même pour vaincre son adversaire intellectuel, Montaigne ne peut s'empêcher de dire toute sa gêne face aux "voyes extravagantes". Il aurait bien préféré être relevé de ses fonctions en faveur d'un duelliste professionnel des lettres.

En effet, rien de plus dangereux que l'esprit, "un outrageux glaive" même pour celui qui le manie. Il ne faut l'utiliser qu'en extrême nécessité, par exemple comme préservatif contre la peste propagée par l'un de ces "nouveaux docteurs" qui empoisonnent les cours. Le "preservatif" de l'esprit - qui désigne ici visiblement la stratégie de l'*Apologie* montaignienne - remplit donc la fonction analogue à celle assignée par Pierre Bunel au début de l'essai au traité de Sebond lui-même. La liberté de juger qui était propre à peu d'âmes "reiglées", "fortes et bien nées", aux "esprits anciens" paraît confinée à un régime d'exception. D'autre part l'éloge du "train accoustumé" et des garde-fous intellectuels tourne vite à l'ironie. En ce siècle où l'affrontement des sectes philosophiques anciennes a fait place à l'uniformité de la pensée, tout est jugé selon le degré de son acceptation sociale; aussi bien la médecine que la géométrie, de même que "cette ridicule poursuite de la pierre philosophale".

Ainsi la voie commune est, elle aussi, finalement mise en question, bien que, opposée aux licences du jugement, elle emporte l'approbation générale. Il en est de même de la modération de Theophraste qui a reconnu une valeur positive à l'intellect humain tant qu'il ne s'aventure pas vers l'inconnaissable des causes premières. Que nous puissions connaître certaines choses est une "opinion moyenne et douce", "plausible" et appuyée sur le témoignage des "gens de composition". Toutefois le problème est qu'"il est malaisé de donner bornes à nostre esprit". Dès lors la formation progressive des sciences, le pétrissage de cette cire intellectuelle qu'est le travail de l'essayiste n'est pas une contribution à la construction du monument perfectible de la connaissance, mais l'expression de la curiosité et de l'avidité de l'esprit humain. Le ton est donc nettement négatif. D'une part la solution modérée semble compromise par le consentement commun à la bêtise. D'autre part la témérité intellectuelle est un dangereux vagabondage pour ceux qui, comme nous, sont loin de la libre modération des anciens. Elle devient une licence dictée par l'ambition effrénée de l'intellect. Par conséquent le dépassement continuel qui caractérise le travail de l'esprit de siècle en siècle et d'individu en individu semble un mouvement à vide. N'oublions pas en effet que l'"extrémité des sciences" est "vitieuse", que le tour d'escrime de Montaigne est un coup meurtrier et suicidaire en même temps. La fuite intellectuelle s'enclenche dans la contradiction qui réduit son mouvement à néant:

> L'homme est capable de toutes choses, comme d'aucunes...
> (561A)

L'article indéfini se mue en pronom et l'optimisme modéré de la "cognoissance d'*aucunes* choses" (560A) tourne court en une négation. Pourquoi ce tout du savoir n'est-il en fin de compte rien? Il en est ainsi parce que le Tout absolu nous échappe: si, de l'aveu même de Théophraste, l'homme connaît "aucunes choses", il n'en connaît aucune:

> ... et s'il advouë, comme dit Theophrastus, l'ignorance des causes premieres et des principes, qu'il me quitte hardiment tout le reste de sa science: si le fondement luy faut, son discours est par terre; le disputer et l'enquerir n'a autre but et arrest que les principes; si cette fin n'arreste son cours, il se jette à une irresolution infinie. (561A)

Tout porte à croire que l'extrémisme intellectuel du jugement libéré ne résulte en aucune accumulation positive du savoir[30]. Plus même, en

---

[30] Voici comment Théophraste est allégué par Corneille Agrippa dans son *De Incertitudine et Vanitate scientiarum declamatio invectiva...*, s.l., 1535, f° A iiij (cité d'après la traduction française de 1582): "Et Theophraste en son traicté des choses outre nature, Nous pouvons bien, dit il, penetrer à quelque cognoissance par les causes, prenans les premiers fondements sur nos sens; mais estans parvenus aux extremes, et à ce qui est

s'engageant dans la polémique contre l'aristotélicien Théophraste, Montaigne ajoute une dimension métaphysique au problème de la connaissance.

Cela est visible dans le changement sémantique que subit la citation des *Académiques* qui prolonge la discussion de Montaigne avec Théophraste après 1588: "Non potest aliud alio magis minusve comprehendi, quoniam omnium rerum una est definitio comprehendendi"[31]. Dans le contexte cicéronien originel, il s'agit de la conclusion d'une argumentation d'ordre épistémologique. Une chose ne peut pas être mieux perçue qu'une autre, étant donné qu'il n'existe qu'une seule manière de percevoir les objets par les sens. Or la dimension du soleil ne peut être appréhendée d'une façon certaine. Nos autres sensations sont donc tout aussi peu sûres.

Toutefois, inséré dans le texte des *Essais*, le passage de Cicéron ne se réfère plus à la dimension du soleil, exemple sceptique classique de même que l'aviron qui semble "cassé" par la surface de l'eau, ou les couleurs indescriptibles du cou d'un pigeon. Il renvoie en revanche au "fondement", "causes premieres" et "principes" de la phrase montaignienne précédente. En acquérant ainsi une portée ontologique, l'argument cicéronien se rapproche sensiblement de celui utilisé par l'*Idiota* de Cusanus, selon qui, de même, la connaissance précise d'une seule chose devrait nécessairement livrer à celui qui la posséderait la connaissance de toutes les choses. Une telle capacité épistémologique

---

premier et plus haut és choses, nous demeurons courts, et ne voyons plus goutte, soit pour ce que les causes nous defaillent, ou bien par l'imbecillité de nos entendements". L'exemple de Théophraste vient ici appuyer la supériorité de la connaissance par la foi sur la cognaissance par la raison.

[31] 561C. Comme l'indique la note de l'édition Villey-Saulnier, il s'agit des *Académiques*, II, xli, 128.

étant, de toute évidence, impossible à l'homme, il devient manifeste que seul Dieu est la précision absolue, la Vérité de tout ce qui peut être su[32].

A défaut d'atteindre ce fondement ontologique, essayer la résistance du jugement n'est pas une production des connaissances, mais une exploration des possibles. Dans cette exploration, Sebond et Montaigne curieusement se rejoignent. Non pas par une sorte de compromis entre la raison et la foi qui se cherchent et s'éclairent mutuellement, mais par l'extrémisme de leurs entreprises: comme le tout et le rien des possibilités de la connaissance humaine.

Toutefois, si le pôle négatif incombe ici à l'apologiste, comment peut-il éviter de muer sa négation en affirmation inversée, comment peut-il maintenir entière la contradiction? Pour ce faire, il faut conséquemment, comme dans la réplique à la première critique, maintenir l'absolue nécessité et l'absolue transcendance de la grâce et de la foi. Mais pour que cette affirmation ne soit un préambule à la conversion mystique, il faut qu'elle "s'emporte elle-même".

Plutarque et Sénèque.

En apostrophant la dédicataire dans le commentaire introductif à la dernière section de l'*Apologie*, Montaigne déplore qu'elle n'ait choisi un autre défenseur de Sebond, "qui se fut servy à faire son amas, d'autres que de nostre Plutarque"[33]. Est-ce un hasard que Montaigne ait choisi

---

[32] *Idiota de mente*, III . Charles B. Schmitt note que Gianfrancesco Pico utilise le même passage de Cusanus dans sa polémique avec la thèse des *Secondes Analytiques*, 97a6-22, selon laquelle il n'est pas nécessaire pour définir une chose d'avoir la connaissance de sa relation avec toutes les autres choses (*Gianfrancesco Pico della Mirandola (1469-1533) and his Critique of Aristotle*, The Hague, Martinus Nijhoff, 1967, p. 105).

[33] Comme le précise une note de Villey, cette ligne disparaîtra dans l'édition posthume.

précisément une longue citation de cet auteur pour conclure l'*Apologie* en affirmant la transcendance de l'Être?[34]:

> Parquoy il faut conclurre que Dieu seul est, non poinct selon aucune mesure du temps, mais selon eternité immuable et immobile, non mesurée par temps, ny subjecte à aucune declinaison; devant lequel rien n'est, ny ne sera apres, ny plus nouveau ou plus recent, ains un realement estant, qui, par un seul maintenant emplit le tousjours; et n'y a rien qui veritablement soit que luy seul, sans qu'on puisse dire: Il a esté, ou: Il sera; sans commencement et sans fin.[35] (603A)

Et pourquoi lui avoir associé Sénèque pour condamner l'ambition impossible de l'homme de s'élever de lui-même au-dessus de l'humanité?

> [A] O la vile chose, dict-il, et abjecte, que l'homme, s'il ne s'esleve au dessus de l'humanité! [C] Voylà un bon mot et un utile desir, mais pareillement absurde (...) [A] Il s'eslevera si Dieu lui preste extraordinairement la main... (604)

Une chose est certaine: ce qui réunit ces deux auteurs est leur commune impossibilité de jouir du secours extraordinaire de la grâce ("A cette conclusion si religieuse d'un homme payen je veux joindre seulement ce mot d'un tesmoing de mesme condition...", 603A). Le choix de Montaigne

---

[34] C'est l'opinion de Michaël Baraz (*L'Etre et la Connaissance selon Montaigne* Paris, José Corti, 1968, p. 16). "C'est presque un hasard que Montaigne soit redevable à Plutarque de ce passage si important. Il aurait pu trouver des affirmations presque identiques chez des philosophes grecs, chez Nicolas de Cues et même chez des penseurs de l'Orient, car cette façon de concevoir l'être est constante à travers l'histoire et constitue, comme l'a admirablement démontré Constantin Brunner, la tradition spirituelle majeure de l'humanité". Marcel Gutwirth attribue le choix de Plutarque au caractère inclusif du christianisme de Montaigne (*Michel de Montaigne ou le pari de l'exemplarité*, Montréal, Presses de l'Université de Montréal, 1977). Il me semble, au contraire, que le choix de Plutarque et Sénèque pour conclure l'*Apologie* est très précis et intentionnel.

[35] Certes, l'"être" touche ici plus précisément à l'existence dans le temps. Dieu est l'unique étant substantiel et dans son immuable éternité ne peut admettre ni passé ni futur. Cependant, même précisée de la sorte, l'affirmation de l'absolue transcendance de l'Être reste entière.

est donc parfaitement conscient: exprimer la nostalgie de la transcendance en recourant à des penseurs païens, équivaut à dire que cette soif de l'Etre absolu est impossible à satisfaire. L'association de ces deux auteurs particuliers est aussi importante. Avec Anaxagore, Démocrite, Parménide et d'autres, ils se rangent parmi les philosophes intérieurement contradictoires, mi-dogmatiques, mi-"dubitateur[s]":

> [A] Ils ont une forme d'escrire douteuse en substance et un dessein enquerant plustost qu'instruisant, encore qu'ils entresement leur style de cadances dogmatistes. Cela se voit il pas aussi bien [C] et en Seneque et [A] en Plutarque? [C] Combien disent ils, tantost d'un visage, tantost d'un autre, pour ceux qui y regardent de prez! Et les reconciliateurs des jurisconsultes devroient premierement les concilier chacun à soy.[36] (509)

L'ajout de Sénèque dans la couche [C] du texte est fort significatif. Si les deux auteurs se rejoignent par leur versatilité intérieure, leur commune aspiration à l'être transcendant l'humanité semble un jeu philosophique du "Pyrrhonisme soubs une forme resolutive". En associant Plutarque et Sénèque à la fin de son essai, Montaigne réalise la forme la plus achevée de l'ironie: celle qui, évitant soigneusement d'exposer les marques explicites qui la signaleraient au lecteur, l'oblige à un constant questionnement par de permanents changements du rapport entre l'auteur et son discours[37]. Ainsi la conclusion de l'*Apologie* constitue en même temps sa dernière affirmation autodestructrice, un moyen sûr de maintenir la contradiction entre l'énonciation et le jugement[38]. C'est aussi, et

---

[36] Contrairement à ce qu'en dit la note de l'édition Villey-Saulnier, le "tiers genre" des auteurs discutés dans ce fragment ne se rapporte pas aux dogmatistes, mais (conformément à la cohérence de la couche [A]), à ceux qui considèrent que les écrits de Platon sont parfois dogmatiques et parfois sceptiques.

[37] C'est Daniel Ménager qui souligne cet aspect de l'ironie montaignienne (pp. 258-259).

[38] V. à ce propos Gérard Defaux, "Readings of Montaigne", *Yale French Studies*, 64 (1983), pp. 87-91.

peut-être surtout, une négation certaine de tout espoir d'étendre les essais de l'intellect humain vers l'Etre transcendant.

L'*Apologie* se termine donc par l'affirmation de la transcendance de l'Etre en Dieu, Etre absolu convoité sans cesse par l'homme qui "monte au dessus de soy et de l'humanité"[39]. Désir à proprement parler absurde, car impossible à satisfaire sans le secours extraordinaire de la grâce. A quel point une telle intervention divine reste peu assurée est clairement manifeste à travers la situation d'énonciation mise en place par Montaigne à la fin de ce long essai. La faim ontologique devient une affirmation qui s'emporte elle-même, puisque elle est confiée précisément à ceux qui ne pouvaient pas jouir de la Révélation et dont les paroles, aussi "dogmatiques" qu'elles puissent paraître, sont en fait un jeu philosophique. Apparemment assertives, elles cachent en fait un vacillement intérieur tout pyrrhonien. Pyrrhonisme qui, faut-il le souligner, ne constitue pas en lui-même une solution satisfaisante, mais juste la meilleure solution possible, élaborée par les excellents esprits des Anciens, face au dénuement métaphysique de l'homme dépourvu de foi vive. Ainsi la structure même du discours de l'*Apologie* consacre la déchirure ontologique qui sépare l'homme de l'Etre transcendant. Déchirure tellement radicale qu'elle compromet toute tentative de nommer l'Ineffable, toute possibilité d'aboutir à des résultats positifs de l'exercice de la raison. Déchirure si dramatique, qu'elle libère toute la négativité du langage, jusqu'au point, théologiquement inconcevable, d'impliquer Dieu dans la contradiction.

---

[39] Craig B. Brush remarque avec pertinence que, quelques lignes plus tôt, Montaigne altère significativement le texte de Plutarque pour souligner la transcendance de l'Etre divin: "...ce seroit peché de dire de ce qui est, il fut ou il sera..." de Plutarque (f° 357 r°) devient chez Montaigne - "ce seroit peché de dire de Dieu, qui est le seul qui est, qu'il fut ou il sera" (II, 12, 603) [v. Craig B. Brush, "Reflections on Montaigne's Concept of Being", in *From Marot to Montaigne. Essays in French Renaissance Literature*, éd. Raymond C. La Charité, *Kentucky Romance Quarterly*, 19 (1972), p. 152; de même que Claude Blum, "L'Etre et le néant. Les *Essais*, voyage au bout de la métaphysique", in *Montaigne penseur et philosophes (1588-1988)*, éd. Claude Blum, (Paris, Champion, 1990), pp. 129-139].

CHAPITRE III

NOTRE ETRE:
LE MILIEU HABITE DE NEANT

Le juste milieu?

Les contradictions sceptiques de l'*Apologie* ne sont pas, comme le voulaient les premiers critiques de Montaigne, des subterfuges verbaux. Il s'agit bien de stratégies discursives savamment orchestrées afin de démontrer le vide ontologique de l'homme, lorsque celui-ci est abandonné au pouvoir de sa propre raison. Mais, peut-être, le néant de l'être humain n'est-il pas aussi complet, peut-être Montaigne préserve un juste milieu intime et familier, un domaine privilégié, libre des effets destructeurs de sa critique? C'est du moins ce que pourrait suggérer la conclusion de *De l'expérience*, à première vue incompatible avec la fin de l'*Apologie*:

> C'est une absolue perfection, et comme divine, de scavoyr jouyr loiallement de son estre. Nous cherchons d'autres conditions, pour n'entendre l'usage des nostres, et sortons hors de nous, pour ne sçavoir quel il y fait. (III, 13, 1115B)

Une "perfection" aussi "absolue", est-elle à la portée de l'homme? Comment se plonger sans reste dans l'être, si celui-ci, selon l'emprunt à Plutarque, nous échappe irrémédiablement pour se fixer dans la transcendance de Dieu? A moins que cet être dont Montaigne postule la jouissance, cet être *sien*, soit une sorte d'"arrière-boutique" ontologique, un domaine réservé à une médiocrité dorée et dont le moi puisse faire l'expérience, ayant abandonné ses vaines aspirations. En concluant ses *Essais*, Montaigne offrirait-il à son lecteur un échappatoire, un substitut, aussi déficient soit-il, mais cependant réel, de l'Etre transcendant auquel il ne reste plus qu'à renoncer?

En effet, l'apparent refus de la transcendance ponctue la finale des *Essais* (III, 13, 1108-1115). Montaigne avoue ne pouvoir digérer les "humeurs transcendentes" de Socrate et la prétendue divinité de Platon. A force de ravir son esprit vers les hauteurs célestes, de s'échapper à lui-même, l'homme devient bête à défaut de se transformer en ange. Certes, l'extase chrétienne est "un estude privilegé", mais quant à lui-même, Montaigne s'attache à dépister la nature, don divin si injustement méprisé, et surtout annulé, défiguré par les artifices des hommes. C'est pourquoi vivre, "vivre" dans toute la circularité intransitive de ce verbe, s'occuper consciencieusement à jouir de cette action même, devient une occupation "non seulement la plus fondamentale, mais la plus illustre".

Ce refus de la finalité externe revient avec insistance, particulièrement sous forme d'un postulat idéal ou comme description d'une situation rare et recherchée. "La vie *doit* estre elle mesme à soy sa visée, son dessein" (III, 12, 1052C); le dessein de l'action devrait se résorber en elle-même (III, 1, 792; 802); la récompense de la vertu se résume à la joie naturelle de la conscience d'"une nature bien née" (III, 2, 807B), tandis que le commerce des honnêtes hommes est la simple "privauté, frequentation et conference: l'exercice des ames, sans autre fruit" (III, 3, 824B). C'est justement une amplification outre mesure de nos appétits qui nous soumet aux coups de la fortune en rompant le cercle de notre autarcie, pour le transformer en une droite infinie. Cependant le parcours de nos désirs doit...

> se manier, non en ligne droite qui face bout ailleurs, mais en rond, duquel les deux pointes se tiennent et terminent en nous par un brief contour.
>
> (III, 10, 1011B)

Ce refus de la droite compromet d'emblée tout mouvement de transgression. La circularité enferme le moi dans l'immanence de son autotélisme, au lieu de résulter d'une propulsion rectilinéaire vers infini et symboliser ainsi l'abandon du créé et la quête du divin. Même le discours moral ne parvient pas à briser cet encerclement: les préceptes qui nous poussent "hors de nous" sont une sorte d'exagération rhétorique. En nous enjoignant d'aimer autrui, elles nous forcent à viser bien au-dessus de notre cible, mais cela juste pour que notre flèche retombe précisément en notre but qui est l'amitié que nous nous devons à nous-mêmes (III, 10, 1006B).

Pourtant l'être subjectif et personnel dont Montaigne semble nous inviter à jouir n'est pas plus facilement saisissable que l'être transcendant et absolu auquel nous ne pouvons accéder. Plus même, notre incapacité à communier avec *notre* être se joint à la concentration de l'Etre véritable en Dieu. Ces deux affirmations corollaires encadrent la citation de Plutarque qui conclut l'*Apologie*:

> Nous n'avons aucune communication à l'estre par ce que toute humaine nature est tousjours au milieu entre le naistre et le mourir, ne baillant de soy qu'une obscure apparence et ombre, et une incertaine et debile opinion. Et si, de fortune, vous fichez vostre pensée à vouloir prendre son estre, ce sera ne plus ne moins que qui voudroit empoigner l'eau..
>
> (II, 12, 601A)[1]

De nouveau, la raison de cet échec est la mutabilité, la fuite de ce qui pourrait assurer la stabilité, la consistance ontologique: "estre consiste en mouvement et action" (II, 8, 386C). Qui veut l'atteindre ne touche qu'un reflet trompeur, qu'une matière fluide qui se dérobe. *Notre* être, dont, selon les dires de Montaigne, la jouissance serait une "absolue" et "divine" perfection, nous échappe de même.

[1] Contrairement à Claude Lévi-Strauss (*Histoire de Lynx*, Paris, Plon, 1991, p. 285) je ne pense pas que Montaigne en omettant l'adjectif "vrai" de la phrase d'Amyot déplace la problématique de l'ontologie vers la théorie de la connaissance ("...nous n'avons aucune participation du vray estre..." - Plutarque, f° 356 v°). Conformément au texte d'Amyot, le "vrai" être est ici bien attribué à Dieu (II, 12, 603). Je serais plutôt tenté de suivre Antoine Compagnon, qui souligne l'importance de la logique et de l'ontologie pour la morale (et, pourrait-on ajouter, pour l'épistémologie) des *Essais*.

La coïncidence des extrêmes.

Notre être demeure inaccessible, à moins que, peut-être, nous puissions déterminer ses limites, fixer un juste milieu de la nature humaine, même si ce n'est que le "milieu entre le naistre et le mourir"? En effet, Montaigne revient à plusieurs reprises à l'image d'une séquence à trois niveaux dont le second assume en quelque sorte la fonction d'un milieu, flanqué par deux extrêmes, dont l'un est jugé comme clairement supérieur et l'autre est perçu comme hiérarchiquement inférieur. Cette image est une armature ontologique de première importance informant maints aspects de la réflexion épistémologique et morale de Montaigne[2].

Or, il est frappant de remarquer à quel point certaines caractéristiques de la hiérarchie montaignienne des trois niveaux évoquent la métaphysique de Nicolas de Cues, de même qu'il est important de noter dans quelle mesure ces deux pensées divergent. Tout d'abord, le niveau suprême de la séquence montaignienne est le domaine où la loi de la non-contradiction est abolie. Ce qui était incompatible ne l'est plus, voire, la rencontre des contradictoires devient nécessaire au point de passer pour une marque particulière de l'ascension au niveau supérieur.

Tel est le cas, par exemple, de la polygamie des "cannibales". Contrairement aux européennes, évidemment hostiles à ce que leur mari multiplie ses amitiés féminines, les indiennes manifestent leur amour conjugal précisément en recherchant pour leur époux autant de femmes que possible, puisqu'un grand nombre de coépouses témoigne de la vaillance de l'homme. Et, dans un allongeail de la couche [C], Montaigne interprète cette coutume:

> Les nostres crieront au miracle; ce ne l'est pas: c'est une vertu proprement matrimoniale, mais du plus haut estage. (I, 31, 213C)

---

[2] Elle a été analysée d'une façon très suggestive par Antoine Compagnon comme l'antécédent de la "gradation" pascalienne et comme le témoignage de la pensée allégorique dans les *Essais*: *Chat en poche. Montaigne et l'allégorie*, Paris, Seuil, 1993, pp. 92-110.

L'infidélité et l'amour conjugal ne sont plus contradictoires. Tout au contraire, en ce "plus haut estage" ces deux réalités s'unissent pour se renforcer mutuellement. En outre, l'usage des "cannibales" ne peut être conçu comme un "miracle", autrement dit, ramené à l'état d'exception. C'est une vertu en soi, propre, seulement appartenant à une sphère supérieure et qui demeure pour nous inaccessible.

Il en est de même des passions extrêmes. L'essai *De la tristesse* recense les cas de désespoir, de joie, ou d'ardeur amoureuse qui demeurent muettes et paralysées par leur intensité, comme si, parvenues à leur comble, chacune de ces affections se transformait en son contraire[3]. Cette violation de la loi de non-contradiction est un signe manifeste que les états suprêmes décrits par Montaigne n'entretiennent pas de relation proportionnelle avec les états "moyens". Le comble de tristesse n'est pas tout simplement une affliction plus grande qu'à l'"ordinaire"; elle surpasse celle-ci "de bien loin" (12A).

Mais l'absence de contradiction témoigne aussi du rapprochement, pour ne pas dire de l'identification du stade suprême avec le stade le plus bas. L'amour conjugal des indiennes est si élevé qu'il pourrait être confondu avec l'absence totale de l'amour; la tristesse suprême se confond aisément avec la froideur émotionnelle et l'indifférence, sans parler des exemples de mort occasionnée par des éclats de joie trop intense. Il n'est donc point étonnant que ces deux domaines extrêmes se réunissent aussi dans leur négativité, semblables ainsi au Maximum absolu *De la docte ignorance*, qui, libre de toute relation comparative, de toute opposition, est, par là même, identique au Minimum absolu. Ainsi défini, l'Absolu ne peut évidemment pas être saisi par la raison. Pareillement, la tristesse ou la joie extrêmes se dérobent à notre saisie intellectuelle et à notre parole. L'amitié qui ne dépasse pas les raisons particulières et le discours de la raison en

---

[3] V. à ce propos, Gérard Defaux, "Montaigne et la rhétorique de l'indicible: l'exemple 'De la tristesse' (I, 2)", *Bibliothèque d'Humanisme et Renaissance*, 1 (1993), pp. 5-24. Gérard Defaux remarque aussi que le cannibale est pour Montaigne à proprement parler indicible (*Marot, Rabelais, Montaigne: l'écriture comme présence*, Genève, Slatkine, 1987, p. 170).

général, n'est pas une vraie amitié[4]. De même, "Toutes passions qui se laissent gouster et digerer, ne sont que mediocres" (13A).

Ce qui est vrai des passions, l'est aussi de la connaissance. Pour la théologie négative, Dieu qui est connu et nommé n'est pas le vrai Dieu. De même pour Montaigne, le bon sens et la connaissance de soi n'ont point de valeur, lorsque chacun se dit satisfait de la portion qui lui en est impartie[5]. Cette nécessité de se dérober à la saisie rationnelle et langagière s'étend jusqu'à l'ignorance même. Elle aussi, pour rester une vraie ignorance, doit frôler l'ineffable, demeurer inaccessible. Si Montaigne condamne le scepticisme des Académiciens comme une outrecuidance, c'est parce que cette sorte de nescience n'est pas moins affirmative dans son ignorance qu'est la science même, fière de ses dogmes. Il est donc manifeste que le scepticisme des Académiciens n'est pas un non-savoir parfait. Certes, pour concevoir la vraie ignorance, celle qui est "forte et genereuse", "il n'y a pas moins de science que pour concevoir la science" même (III, 11, 1030C). Toutefois l'ignorance parfaite reste le "bout" de la philosophie, et non son but; tout comme la mort n'est point le "but", l'objet de la vie, mais son "bout"[6]. Il en est ainsi parce que la mort, l'ignorance ou l'amitié parfaites assument dans les *Essais* en quelque sorte la fonction de valeurs quasi absolues: elles ne peuvent être mises au service d'une construction intellectuelle, réduites aux rôles de justification ou de prétexte.

---

[4] "Il y a, au delà de tout mon discours, et de ce que j'en puis dire particulierement, ne sçay quelle force inexplicable et fatale, mediatrice de cette union" (I, 28, 188A). Sur l'amitié parfaite chez Montaigne, v. Ullrich Langer, *Perfect Friendship. Studies in Literature and Moral Philosophy from Boccacio to Corneille*, Genève, Droz, 1994.

[5] "Ainsin en cette-cy de se cognoistre soy mesme, ce que chacun se voit si resolu et satisfaict, ce que chacun y pense estre suffisamment entendu, signifie que chacun n'y entend rien du tout..." (III, 13, 1075B).

[6] "'Tota philosoforum vita commentatio mortis est'. Mais il m'est advis que c'est bien le bout, non pourtant le but de la vie; c'est sa fin, son extremité, non pourtant son objet. Elle doit estre elle mesme à soy sa visée, son dessein..." (III, 12, 1051-1052C).

Les contradictions de la vertu et de l'intellect.

L'absolutisation du stade suprême de la hiérarchie triadique de Montaigne permet de comprendre le paradoxe de la vertu de Socrate, une vertu qui ressemble tellement à la bonté exempte des contrariétés internes et des luttes avec le vice. En effet, le cas du philosophe grec reste pour Montaigne particulièrement difficile, car il contredit apparemment sa thèse sur la vertu comme fruit de l'effort et de la confrontation: "A une vertu si elesvée que la sienne, je ne puis rien mettre en teste" (II, 11, 424A). Ce serait là une gênante exception, à moins que, appartenant au domaine suprême de la hiérarchie montaignienne, Socrate ne soit libre de l'emprise du principe de non-contradiction.

En effet, comme cela est souvent le cas, Montaigne explique les ambiguïtés de Socrate par le témoignage de Caton (424-425). Son suicide n'est pas à vrai dire l'acte d'une âme stoïque, indifférente à la peur de la mort et à la souffrance. La fin de Caton n'est pas tant une libération des contrariétés, que leur coïncidence. Il ne méprise pas la douleur et ne meurt pas impassiblement; au contraire, la mort et la douleur deviennent les sources d'une joie exaltée, du plaisir et de la volupté qui ne peuvent que sembler pervers, s'ils sont jugés par une âme d'une vertu ordinaire. Et de nouveau, l'impossibilité de rationaliser totalement la vertu de Caton - en lui attribuant, par exemple, le soin de la gloire posthume -, est due à son autotélisme. En dernière instance, Caton se suicide "pour la beauté de la chose mesme en soy" (425A).

Une vertu aussi sublime semble étrangère à tout apprentissage, comme si, devenue une "parfaicte habitude", elle s'était intégrée à la nature même de Caton et de Socrate:

> Ce n'est plus vertu penible, ny des ordonnances de la raison, pour lesquelles maintenir il faille que leur ame se roidisse; c'est l'essence mesme de leur ame, c'est son train naturel et ordinaire. (425-426C)

Par là même l'étage sublime de la hiérarchie rejoint son étage le plus bas. *De la phisionomie* insiste beaucoup sur cette coïncidence des extrêmes contraires. Si les mœurs et paroles de Socrate se placent à "l'extreme degré de perfection et de difficulté", là où l'art ne peut plus "joindre", c'est parce que son discours n'est pas plus élevé que les opinions communes, mais "bien plus arriere et plus bas" (1054-1055):

> [B]...il représente [C] en une hardiesse inartificielle et niaise, en une securité puérile, [B] la pure et premiere [B] impression [C] et ignorance [B] de nature.

La superposition des deux extrêmes doit être presque imperceptible, au point qu'au début de l'essai Montaigne emploie une correction rhétorique pour marquer son hésitation entre le sublime et l'infime. De prime abord, il vante Socrate comme celui qui "se monta" d'un mouvement qui lui était tout naturel, inhérent à sa complexion, jusqu'à l'ultime point de valeur. Et dans la phrase suivante, il revient sur ses paroles, comme pour signifier l'identification du sommet le plus haut et de l'extrême bassesse: "Ou, pour mieux dire, il ne monta rien, mais ravala plustost et ramena à son point originel et naturel..."(1037B). Le point d'aboutissement et l'origine se superposent[7].

Cette identification défie notre connaissance, puisque des discours de Socrate, autrement dit de sa raison et de ses paroles, il ne nous reste qu'une image que nous acceptons sur la foi de son autorité publique (1037B). Et c'est peut-être pourquoi la coïncidence socratique du sublime et de l'infime ne nous est manifeste que sous la forme d'une contradiction, contradiction qui prend littéralement corps en la personne du sage d'Athènes, tel qu'il nous est connu par ses témoins. Dans cette image que nous avons de lui, Socrate est tiraillé par l'incompatibilité entre sa physionomie et sa vertu. Autant son âme est naturellement belle, autant son visage est naturellement laid. Contradiction que Montaigne refuse de désamorcer en supposant que Socrate ait pu améliorer sa vertu par

---

[7] A ce propos se manifeste une différence dans l'appréciation de Socrate et de Caton (1037-1038). Le sublime de ce dernier, sans être forcément artificiel, semble chercher un secours étranger. Cela se manifeste dans l'opposition entre Caton - "tousjours monté sur ses grands cheveaux" -, et Socrate, marchant de ses própres forces, "à terre". C'est pourquoi le sublime de Caton ne s'identifie pas avec l'infime.

l'éducation[8], contradiction qu'il tente en revanche d'inscrire dans l'écriture de son essai en agençant la référence finale à Plutarque de façon à ce qu'elle contredise l'anecdote sur Charillus, roi de Sparte.

> A moy, qui ne suis qu'escuyer de trefles, peut toucher ce qu'on disoit de Charillus, roy de Sparte: Il ne sçauroit estre bon, puis qu'il n'est pas mauvais aux meschants. Ou bien ainsi, car Plutarque le presente en ces deux sortes, comme mille autres choses, diversement et contrairement: Il faut bien qu'il soit bon, puisqu'il l'est aux meschants mesme. (III, 12, 1063B)

Ainsi *De la phisionomie* s'achève sur un portrait moral impossible de Montaigne: il n'est pas bon, puisqu'il n'est pas mauvais envers les méchants; il est bon, puisqu'il l'est aussi envers les méchants[9].

L'exemple de la vertu sublime, mais aussi paradoxale, de Socrate permet de mieux juger les paradoxes, en quelque sorte contraires, qui déchirent l'image que Montaigne donne lui-même de sa propre vertu et du travail de son intellect. Car, lorsqu'il doit se situer lui-même explicitement dans la hiérarchie des trois niveaux, Montaigne semble nettement - pour ne pas dire contradictoirement - partagé entre deux localisations: celle de

---

[8] Dans la couche [C] du texte, Montaigne juge comme ironique l'affirmation de Socrate, selon laquelle son âme a été amendée par l'instruction à partir d'un état de laideur qui correspondait à la disgrâce de son visage: "Mais en le disant je tiens qu'il se mocquoit suivant son usage, et jamais ame si excellente ne se fit elle mesme" (1058C).

[9] Il est curieux de constater que ces deux affirmations mutuellement exclusives (il est méchant, parce qu'il est bon envers les méchants; il est bon, parce qu'il est bon envers les méchants)

bon > mauvais
bon > bon

sont formulées de façon à accorder stylistiquement et logiquement les termes de l'implication: dans la première phrase une conséquence négative s'ensuit d'une premisse négative; dans la seconde il en est de même avec des propositions positives:

non (mauvais) > non (bon)
bon > bon

l'infime, à laquelle il aspire et dont il lui arrive même de se réclamer, et celle du stade intermédiaire dans lequel le place le travail de son intellect.

Cela est clairement visible dans l'essai *Des vaines subtilitez*. A travers les additions successives, Montaigne élabore l'image des deux ignorances, l'une "abecedaire" l'autre "doctorale", la première avant la science, la seconde, après[10]. Face à ces deux extrêmes, la position du milieu est nettement dévalorisée. Elle n'est plus celle des "esprits simples", ni encore celle des "grands esprits", deux catégories réunies par le caractère inébranlable de leur foi et leur incontestable soumission aux lois. Il y a certes lieu de croire que cette "moyenne vigueur des esprits", génératrice de l'"erreur des opinions" est identifiée à la sédition protestante. Mais son sens est certainement plus général. Dans un allongeail de l'essai *Des prières* qui suit presque immédiatement, Montaigne emploie le même type d'argumentation pour critiquer les traductions de l'Ecriture. Leur tare essentielle est d'éloigner le peuple de l'histoire sainte: "L'ignorance pure et remise toute en autruy estoit bien plus salutaire et plus sçavante que n'est cette science verbale et vaine, nourrice de presomption et de temerité" (I, 56, 321C).

Finalement, si les deux stades extrêmes se rejoignent dans la hiérarchie montaignienne, c'est parce qu'ils sont également étrangers par rapport au stade intermédiaire, tous les deux trop naturels dans leur bassesse ou dans leur grandeur. Il y a là une différence importante par rapport au Maximum absolu de Cusanus. Celui-ci coïncide avec le Minimum car, tout dans tout, il ne s'oppose à rien que ce soit, même pas au néant[11]. La coïncidence des contraires extrêmes n'a pas chez Montaigne cette motivation absolue. Elle est plutôt le résultat de l'aliénation du stade

---

[10] Sur les changements apportés par les allongeails successifs à la structure logique de l'ensemble de l'essai v. Ian Maclean, "Montaigne, Cardano: the Reading of Subtlety / the Subtlety of Reading", in *French Studies*, 1 (1983), pp. 143-156.

[11] Le raisonnement est ici le suivant: "Maximum itaque absolutum unum est quod est omnia; in quo omnia, quia maximum. Et quoniam nihil sibi opponitur, secum simul coincidit minimum. Quare et in omnibus" - *De docta ignorantia*, I, 2, 5.

intermédiaire, domaine de l'accidentel et du mobile, de l'artificiel et du conflictuel.

Or c'est justement dans ce stade moyen que Montaigne se situe lui-même dans *Des vaines subtilitez* (I, 54). Il n'est ni parmi les simples paysans, ni parmi les philosophes, réunis dans l'honnêteté et dans l'ignorance, mais se range plutôt parmi les "mestis"...

> ...qui ont dedaigné le premier siege d'ignorance de lettres, et n'ont peu joindre l'autre (le cul entre deux selles, desquels je suis, et tant d'autres), sont dangereux, ineptes, importuns: ceux icy troublent le monde.

Cependant une rectification suit immédiatement:

> Pourtant de ma part je me recule tant que je puis dans le premier et naturel siege, d'ou je me suis pour neant essayé de partir. (I, 54, 313C)

L'objectif est donc d'atteindre cette sorte de sublime de la bassesse que représente Socrate. Mais pour ce faire, on l'a vu, il faudrait non pas tant reculer en arrière vers le stade inférieur, que, plutôt, transgresser l'étage moyen et atteindre le point ultime de la perfection qui, lui seul, peut coïncider avec le point d'origine. Cela, Montaigne, ne peut le réaliser. Et c'est pourquoi, en concluant le chapitre, lorsqu'il est amené à juger ses *Essais*, il doit les placer dans cet entre-deux incommode:

> si ces essays estoyent dignes qu'on en jugeat, il en pourroit advenir, à mon advis, qu'ils ne plairoient guiere aux esprits communs et vulgaires, ny guiere aux singuliers et excellens: ceux-là n'y entendroient pas assez, ceux-cy y entendroient trop; ils pourroient vivoter en la moyenne region. (I, 54, 313A)

Pour comprendre la position dans laquelle Montaigne situe ainsi ses *Essais* il faut revenir au début du chapitre. Montaigne y entreprend d'énumérer diverses "subtilitez frivoles et vaines", telles que l'anaphore des poètes ou l'art de jeter le grain de mil à travers le trou d'une aiguille. Parmi ces amusements notables par leur rareté et leur complète futilité, il place un jeu de société auquel il s'était livré chez lui. Ce jeu consistait à retrouver autant que possible de "choses qui se tiennent par les deux bouts extremes", telles que le vêtement porté par les Romains aux jours de deuil de même qu'aux jours de fête, ou bien le courage et la peur, émotions aux effets souvent identiques et dont *De la tristesse* a donné déjà maints exemples (311-312A). Le jeu des "deux bouts extremes" est déjà original en lui-même. Tout aussi exceptionnels sont les objets et les états qui satisfont à la règle que ce jeu établit. Telles les deux ignorances et honnêtetés - celle des gens simples et celle des esprits excellents - "deux bouts extremes" qui s'opposent à "l'ordinaire et moyenne condition des hommes". En comparaison avec la subtilité de tels extrêmes, la position médiane des *Essais* serait-elle, en fin de compte, celle d'une saine raison, d'un jugement équilibré[12]?

Il semble que non. Les "essays" jugés en conclusion *Des vaines subtilitez* désignent non seulement le livre entier de Montaigne mais cet essai particulier. Or, le chapitre 54 est la retranscription du jeu de société que Montaigne évoque en son commencement. Plus même, il est le lieu où s'accumulent les "vaines subtilitez" dont il constitue un dernier exemple. A une différence près toutefois. Contrairement à la rareté des "choses qui se tiennent par les deux bouts extremes", l'essai 54 - et les *Essais* eux-mêmes - est un exemple plus ordinaire, plus proche. Il est l'exemple fourni par l'esprit qui a franchi "le pas" décisif. Transgresser cette limite a libéré le travail de l'intelligence, tout en l'aliénant en même temps:

> Mais parce que, *apres que le pas a esté ouvert à l'esprit*, j'ay trouvé, comme il advient ordinairement, que nous avions pris pour un exercice malaisé et d'un rare subject ce qui ne l'est aucunement; et qu'apres que nostre invention a esté

---

[12] Il faut en effet admettre que les stades extrêmes de la hiérarchie triadique chez Montaigne ne sont pas toujours valorisés positivement. Une telle exception se trouve dans l'*Apologie* et consiste en la critique des subtilités de Platon, greffée en couche [C] à celle de son absence de jugement. Les deux ignorances prisées ailleurs comme les extrémités inférieure et supérieure de la science deviennent ici des exemples de stupidité: "La fin et le commencement de science se tiennent en pareille bestise" (544C). Les nuages poétiques et le "jargon des Dieux" de Platon tombent ainsi dans les marges de la raison pour y rejoindre sa fameuse définition de l'homme, chapon plumé, preuve que "les plus grossieres et pueriles ravasseries se trouvent plus en ceux qui traittent les choses plus hautes et plus avant, s'abysmants en leur curiosité et presomption" (544C).

> eschaufée, elle descouvre un nombre infiny de pareils exemples, je n'en adjousteray que cettuy-cy: que si ces essays... (I, 54, 313A - souligné J.M.)

En outre, les *Essais* sont un exemple négatif. La coïncidence des contraires qu'ils réalisent est non seulement banale, mais aussi elle s'accomplit par voie d'exclusion. Elle consiste en l'absence de deux catégories des lecteurs: les esprits vulgaires et les esprits excellents, les uns aveugles au sens du livre, les autres ayant peut-être tendance à le surinterpréter. Le livre de Montaigne est donc une "vaine subtilité" *a contrario*. Exemple ordinaire de rareté ("un nombre infiny de pareils exemples"), exemple négatif de la coïncidence des contraires ("ne plairoient guiere...ny..."), la conclusion du chapitre 54 s'oppose clairement au paradigme des valeurs qui la précèdent. Résultant de cette ouverture d'esprit pratiquée par le jeu des "deux bouts extremes", elle contredit les exemples accumulés sous couleur d'en ajouter encore un à la liste. Mieux encore que la nostalgie du "premier et naturel siege", cette contradiction témoigne de ce que l'ouverture de l'esprit est une aliénation.

L'ouverture et l'aliénation de l'esprit.

Cela est encore plus manifeste dans l'essai *De la cruauté* qui débat des différences entre la vertu et la bonté. Comme on le sait, Montaigne y évoque les cas exceptionnels de Socrate et de Caton qui atteignent le sublime de la beauté morale. La mort et la douleur n'y sont point des obstacles à surmonter, mais plutôt des contrariétés nourrissant la jouissance d'une vertu qui s'est faite naturelle au point de déraciner jusqu'aux semences mêmes des vices (426C). Ceux-là sont bien présents au stade moral immédiatement inférieur, celui de la vertu proprement dite. Cette vertu héroïque consiste précisément à lutter avec les tentations, à freiner le cours des passions qui se sont insinuées dans l'âme humaine.

Mais cette fois-ci Montaigne ne se place pas lui-même à ce degré intermédiaire. Il loge sa vertu au plus bas de l'échelle, apparemment dans une position la plus désavantagée. Ce stade infime de la hiérarchie morale consiste à "estre simplement garny d'une nature facile et debonnaire, et dégoustée par soy mesme de la débauche et du vice" (426C). Il est le lieu d'une bonté innocente, une bonté dont l'innocence se teinte de toute la charge du mépris dû à la bêtise. Et c'est précisément cette sorte de vertu que Montaigne revendique pour lui-même: "Ma vertu, c'est une vertu, ou innocence, pour mieux dire, accidentale et fortuite" (427A)[13].

Apparemment donc, la hiérarchie triadique suit cette fois-ci une gradation harmonieuse, où le stade moyen n'est point celui de la médiocrité et de la contradiction, mais plutôt d'une lutte morale héroïque. L'"innocence niaise" dans laquelle Montaigne voudrait se loger resterait à son égard bien méprisable.

Plusieurs indices mettent cependant en doute cette gradation. D'une part l'ensemble de l'essai s'ouvre, on l'a vu, par une assimilation entre la bonté au sens de "douceur et facilité naturelle" et la bonté divine, isolant ainsi la vertu combative en une position distincte. D'autre part, à la fin du débat, Montaigne revient à l'exemple de Socrate pour expliquer, encore une fois, le contraste entre sa laideur corporelle et sa beauté morale: le philosophe aurait corrigé par l'effort de sa "discipline" une naturelle propension au vice révélée par sa difformité (429A). Cette explication qui relève de l'ordre de la vertu combative, autrement dit du stade intermédiaire de la hiérarchie morale, ne peut être évidemment admise, puisque Montaigne avoue déjà au commencement de l'essai qu'il ne peut trouver en la vertu du philosophe aucun combat de contrariété. Elle sera d'ailleurs, comme on le sait, contestée dans *De la phisionomie* au profit de la sublime vertu-bonté de Socrate. Ainsi le combat héroïque de la vertu semble rétrospectivement d'une valeur douteuse, tandis que l'innocence morale gagne par l'association avec la bonté naturelle ou même la bonté absolue.

---

[13] V. aussi III, 10, 1019-1020B (cité d'après le fac-similé de l'édition de 1588 présenté par Daniel Martin, f° 450 v°): "Qui ne peut atteindre à cette noble impassibilité Stoicque, qu'il se sauve au giron de cette mienne stupidité populaire. Ce que ceux-là faisoient par vertu, ie me duits à le faire par complexion. La moyenne region loge les tempestes, les deux extremes, des hommes philosophes, & des hommes ruraus, concurrent en tranquillité & en bon heur..."

Mais ce qui contredit définitivement la gradation harmonieuse des valeurs morales est la structure ironique de l'essai *De la cruauté*. La dualité de l'antiphrase est déjà annoncée par le fait que, de nouveau, la place de Montaigne dans la hiérarchie n'est pas univoque, qu'il est partagé entre deux stades différents. En effet, si l'horreur des vices lui est simplement naturelle, si elle est un instinct conservé depuis l'enfance, sa raison ne l'est point. Elle semble plutôt appartenir au degré intermédiaire, celui où règne la lutte et la contrariété. Il en est ainsi parce que "les discours" de Montaigne, ayant brisé les entraves de l'opinion commune, constituent par leur licence un obstacle et un danger pour sa propension naturelle à la bonté:

> Je diray un monstre, mais je le diray pourtant: je trouve par là en plusieurs choses, plus d'arrest et de reigle en mes meurs qu'en mon opinion, et ma concupiscence moins desbauchée que ma raison. (II, 11, 428B)

L'hésitation de l'aveu marque bien le déchirement, car comment une naïve bonté peut-elle dire les licences de sa raison? Comment le jugement aliéné peut-il encore sentir l'innocence qui lui est étrangère une fois que, comme on l'a vu, "le pas a esté ouvert à l'esprit"? Le sentiment moral et la pensée se partagent la personnalité de Montaigne, l'un relevant de l'infime nature à laquelle on aspire, l'autre de l'aliénation intellectuelle dans laquelle, inévitablement, on vit. Certes, il semble que la propension vers le bien puisse, dans sa naïveté, ne point s'aider du travail de la raison. Celle-ci revient toutefois à la charge, comme si elle voulait marquer de son empreinte les mouvements naturels les plus purs.

Il en est ainsi, par exemple, de la jouissance érotique, que l'on juge d'habitude incompatible avec la pensée rationnelle, mais qui, toutefois, peut bien s'en accommoder, même au plus fort du plaisir des sens: "Je sçay qu'il en peut aller autrement, et qu'on arrivera par fois, si on veut, à rejetter l'ame sur ce mesme instant à autres pensemens" (429-430A).

Mais c'est surtout l'écriture qui démontre l'aliénation de la raison et la conséquente critique de la vertu fondée sur la lutte avec les contrariétés. En considérant la bonté de Socrate, apparemment libre de toute opposition, Montaigne interroge d'une façon plus générale la valeur d'une vertu nécessairement enclenchée dans la confrontation avec le vice:

> Si la vertu ne peut luire que par le combat des appetits contraires, dirons nous donq qu'elle ne se puisse passer de l'assistance du vice, et qu'elle luy doive cela, d'en estre mise en credit et en honneur? (II, 11, 424A)

Peut-on encore priser cette valeur morale qui, pour s'affirmer telle, ne peut se passer de son contraire? Ne vaut-il pas mieux se rabattre - comme le fera Montaigne - sur la bonté innocente, faute de pouvoir prétendre au sublime de Socrate et de Caton? Ou bien, en inversant la question, peut-on justifier rationnellement le mal comme un adversaire nécessaire dont la défaite donnera du prix au triomphe du bien?

Sous cette forme-là, la question a été déjà posée par Montaigne quelques essais auparavant, et cela, symptomatiquement, à propos du même sujet: la cruauté, ou, plus précisément la torture. En effet, en débattant de "ce qui est au delà de la mort simple", autrement dit en considérant les souffrances infligées au condamné outre son exécution capitale (430-431), l'essai *De la cruauté* renoue avec la discussion des "gehenes" dans celui *De la conscience* (II, 5). Or, dans sa version originelle, ce chapitre se termine par la discussion de la tentative - discréditée d'avance - de rationaliser la pratique de la torture:

> Je pense que le fondement de cette invention est appuyé sur la consideration de l'effort de la conscience. Car, au coulpable, il semble qu'elle aide à la torture pour luy faire confesser la faute, et qu'elle l'affoiblisse; et, de l'autre part, qu'elle fortifie l'innocent contre la torture. Pour dire vray, c'est un moyen plein d'incertitude et de danger. Mais tant y a que c'est le moins mal que l'humaine foiblesse aye peu inventer. (II, 5, 369A)

Tout ce raisonnement est basé sur la conception de la vertu comme lutte avec la contrariété. La mauvaise ou la bonne conscience agissent déjà par elles-mêmes, respectivement, en affaiblissant ou en raffermissant la résolution de l'individu. La torture ne vient ici qu'amplifier ces actions. Lorsque la victime soumise à la question est coupable, la douleur agit de concours avec sa mauvaise conscience qui déjà, tout naturellement, sape sa résistance et l'oblige à avouer son crime. Lorsque, en revanche, on soumet à la torture un innocent, sa bonne conscience, autrement dit sa vertu héroïque, le prémunit contre la douleur, pour d'autant mieux éclater aux yeux des juges.

Evidemment, même dans cette première version de l'essai, toute cette théorie est compromise d'avance - "C'est une dangereuse invention que celle des gehenes, et semble que ce soit plustost un essay de patience que de vérité" (368A) - et les allongeails ultérieurs intercalés et rajoutés à la suite du fragment cité démontrent clairement la condamnation par Montaigne de ce type de contrariété.

Ce qui semble cependant plus important est que cette condamnation rejaillit sur le débat ultérieur, compromettant par avance la conception de la vertu héroïque fondée sur la lutte des contraires et propre au stade moyen de la hiérarchie montaignienne. Cette condamnation est aussi une critique indirecte et ironique de la raison, capable d'inventer des justifications rationnelles à tout, même aux pratiques les plus atroces.

Ainsi, pour revenir au fragment de l'*Apologie* qui place "toute humaine nature" au "milieu", entre la naissance et la mort[14], il apparaît clairement qu'il ne s'agit d'aucun point d'équilibre et de stabilité. Tout au contraire, le stade intermédiaire de la tirade montaignienne est l'espace du déchirement et de la confrontation des contraires, l'espace contradictoire où la raison bannie de l'ignorance primitive reste incapable d'atteindre l'ignorance sublime des esprits exceptionnels. Le "milieu" est le domaine de la science orgueilleuse jusque dans son scepticisme, et de la vertu dont les combats héroïques demeurent peu convaincants, lorsqu'ils sont comparés à la bonté naturelle. Une bonté que l'essayiste voudrait réclamer comme sienne, mais dont l'apparente innocence entre en conflit avec la raison bien trop lucide pour prétendre à une naturelle candeur.

Il est d'autre part manifeste que dans ces conditions l'"absolue perfection" qu'est la jouissance de *son* être évoquée dans *De l'expérience*[15]

---

[14] II, 12, 601A - V. *supra*, p. 71.

[15] III, 13, 1115B - v. *supra*, p. 69-70.

est moins une réalité qu'un désir. Il en est ainsi parce que Montaigne flotte lui-même entre, d'une part, la bonté naïve et l'ignorance première de l'étage le plus bas auquel il aspire ou qu'il revendique, et, de l'autre, la raison aliénée de l'étage intermédiaire qui lui tombe irrémédiablement en partage. Il en est ainsi surtout parce que les limites entre le degré infime et médian ne sont point toujours étanches.

L'effacement des limites.

Certes, aussi bien dans *De la conscience* que dans *De la cruauté*, la contrariété est principalement attribuée à l'étage intermédiaire. La souffrance infligée au condamné est une exécution de la justice "raisonnable", c'est-à-dire appuyée sur une justification rationnelle (430A). Il n'en est pas moins vrai que Montaigne s'y oppose en quelque sorte d'instinct. Cela n'est pas étonnant dans la mesure où, comme l'expose *De la conscience*, la faculté humaine qui est l'objet de cet essai demeure une "contrarieté naturelle", semblable à la mouche Cantharide qui porte du poison et, dans d'autres parties de son corps, de l'antidote (367A)[16]. Cette contrariété innée, en quelque sorte primitive de la conscience, autorise justement l'explication de la torture. Le coupable succombera sous les coups des deux agents conjugués, l'un naturel, l'autre artificiel, autrement dit, sous les attaques des remords de sa mauvaise conscience associée aux douleurs de l'interrogatoire. En revanche l'innocent opposera sa conscience pure, aux assauts externes de la "gehenne".

La confrontation affecte donc non seulement le stade intermédiaire de la hiérarchie montaignienne, mais aussi son étage le plus bas, voué en principe à la quiétude de la nescience et de l'insensibilité, le stade infime prêt à coïncider avec l'ignorance impassible du sublime. Plus même:

[16] Exemple tiré de Plutarque, *Pourquoy la iustice divine differe quelquefois*, in *Les œuvres morales*, f° 261 r°. La mouche Cantharide est donc le correspondant moral de la rhubarbe illustrant dans l'*Apologie* la pensée qui "s'emporte elle mesme".

l'échelon le plus humble, le plus naturel de la triade, bien qu'idéalisé, n'est point idéal. Montaigne n'est pas Rousseau, comme il n'est pas Pascal. Le mal, n'est pas uniquement le produit de l'artifice d'une raison aliénée, il est aussi le lot de la nature, ou du moins de certaines natures. Après avoir suggéré un particulier penchant des tempéraments sanguins à la cruauté, Montaigne naturalise l'atrocité ou plutôt retrouve la férocité naturelle, en oblitérant le partage entre les humains et les animaux:

> Apres qu'on se fut apprivoisé à Romme aux spectacles des meurtres des animaux, on vint aux hommes et aux gladiateurs. Nature, à ce creins-je, elle mesme attache à l'homme quelque instinct à l'inhumanité. (II, 11, 433B)

Après 1588 *De la conscience* se termine par un cri de protestation qui répond à la vision de la torture comme le moindre mal que l'humaine faiblesse puisse inventer: “Bien inhumainement pourtant et bien inutilement, à mon advis” (369C). L'inhumanité reste confinée ici à la contrariété artificielle de la torture. Ainsi limitée, elle permettrait encore de supposer l'existence d'une humaine nature, cachée quelque part, par exemple dans la sphère la plus basse, instinctive, de la hiérarchie de l'être, presque inaccessible à l'intelligence. L'extension de l'inhumanité à la nature dans *De la cruauté* compromet cette entreprise de sauvetage. L'inhumanité, de même que la contrariété, peut pénétrer aussi dans le stade infime de la triade montaignienne. Le partage de Montaigne entre ces deux sphères est alors moins un déchirement dramatique que le flottement d'une condition qui échappe à sa propre saisie.

Car, examinées de plus près, les limites tendent à s'effacer, à l'exception notable de celles qui séparent le sublime absolu: Dieu, l'amitié parfaite, emportée par la mort et impossible à retrouver à nouveau, la nature pure, les vertus antiques gâchées par l'artifice moderne, Socrate lui-même, un idéal de vie bien trop élevé pour être concevable[17]. En revanche, dans le domaine intermédiaire des contrariétés, les bornes de l'identité se

[17] “Plusieurs de ces rares exemples surpassent la force de mon action, mais aucunes surpassent encore la force de mon jugement” (III, 9, 973C).

diluent sous l'action de la dissemblance omniprésente[18]. La dispersion générale affecte l'individu, au point de le monnayer en "lopins" dont chacun agit pour son propre compte, rendant impossible la délimitation du "moi": "Et se trouve autant de difference de nous à nous mesmes, que de nous à autruy" (II, 1, 337A).

Dans cette situation, il n'est donc point étonnant que le moi s'absente imperceptiblement, ou, autrement dit, que la limite entre présence et absence s'estompe à travers de multiples gradations. Tel est l'effet des pérégrinations de Montaigne à travers *De la vanité*. Etant à Rome, "je voy croistre mes murailles, mes arbres, et mes rentes, et descroistre à deux doigts pres, comme quand j'y suis..." (III, 9, 976B). Cette minutie matérielle témoigne-t-elle de la préoccupation incessante par les soins du ménage, ou, au contraire, d'une égale indifférence quelle que soit la distance qui sépare Montaigne de son manoir? Car, en dernière instance, où poser la limite entre le "près" et le "loin", l'être-là et l'être-ailleurs? En ajoutant les unités consécutives du sorite, on renverse imperceptiblement les bornes, et avec elles on perd définitivement le "milieu", cet entre-deux évasif où l'*Apologie* voulait chercher la nature humaine. Encore une défaite de la philosophie...

> à qui quelqu'un pourroit reprocher, puis qu'elle ne voit ny l'un ny l'autre bout de la jointure entre le trop et le peu, le long et le court, le leger et le poisant, le pres et le loing, *puis qu'elle n'en recognoist le commencement ny la fin, qu'elle juge bien incertainement du millieu.*
>
> (III, 9, 976B - souligné J.M.)

---

[18] Si *distingo* est la pièce maîtresse de la logique montaignienne (II, 1, 335B), c'est moins à cause de l'émerveillement tout renaissant devant la copieuse variété du monde que par le désir désespéré de capter une réalité en constante dispersion. Que "la ressemblance ne faict pas tant un comme la difference faict autre" est chez Plutarque un appel à l'exercice de l'examen intellectuel (f° 107 v°). Pour Montaigne cette même phrase semble avant tout consacrer une fatalité de la Nature et une insuffisance de l'art. Si l'on parvient donc finalement à joindre les comparaisons "par quelque coin", c'est à travers une lutte laborieuse contre la dissimilitude s'insinuant partout (III, 13, 1070C). V. aussi II, 12, 452; II, 37, 786 etc.

Certes, l'*Apologie* cherchait *notre* être entre deux limites nettement affirmées: le naître et le mourir. Mais si la mort constitue une frontière incontestable, elle n'est pourtant d'aucun secours à fixer l'humaine condition et à la stabiliser suffisamment pour la soumettre à notre saisie. Il en est ainsi parce que la mort est la totale négation de l'être: "Ce qui a cessé une fois d'estre, n'est plus" (II, 12, 519)[19]. La mort disjoint l'esprit et le corps dont seule la conjonction assure notre individualité. Et pour ceux qui auraient voulu se cramponner au premier segment de la phrase pour ériger notre existence, aussi limitée soit-elle, en une entité ontologiquement autonome, Montaigne ajoute quelques pages plus loin:

> ...pourquoy prenons nous titre d'estre, de cet instant qui n'est qu'une eloise dans le cours infini d'une nuict eternelle, et une interruption si briefve de nostre perpetuelle et naturelle condition?
>
> (II, 12, 526B)

La "naturelle condition" de l'homme devient donc ici la nuit du non-être. Comme le précise un ajout postérieur qui suit immédiatement, la mort encercle la vie de toutes parts: plus même, elle s'insinue en notre existence au point de l'annexer: "la mort occupant tout le devant et tout le derriere de ce moment, et une bonne partie encore de ce moment" (526C).

---

[19] Cette phrase est suivie par une citation de Lucrèce qui la corrobore (III, 847-852 dans l'édition de Cyril Bailley). Il n'est évidemment pas question de conclure par là au matérialisme de Montaigne. Il faut plutôt y voir une provocation intellectuelle savamment agencée. Sur la fonction des citations de Lucrèce dans les *Essais* v., entre autres, les pages éclairantes de Christine Brousseau-Beuermann, *La copie de Montaigne. Etude sur les citations dans les "Essais"*, Paris - Genève, Champion - Slatkine, 1989, p. 173 et suivantes. V. aussi Gérard Ferreyrolles, "Les citations de Lucrèce dans l'*Apologie de Raymond Sebond*", *Bulletin de la Société des Amis de Montaigne*, 17 (1976), pp. 49-63. Montaigne a lu avec attention et il a annoté son exemplaire du *De rerum natura*. Avant de le publier, M. Michael A. Screech a bien voulu me communiquer l'annotation que Montaigne appose aux vers III, 860-861, voués à l'interruption radicale de la vie par la mort: "Puis que nous avons / cesse une fois d'estre / rien ne nous touche" ["Inter enim iectast...ab sensibus omnes", p. 274 de l'édition de 1570 de Lambin]. Je remercie Messieurs Gilbert de Botton et Michael A. Screech de cette précieuse information.

La déficience de *notre* être qui en résulte, conditionne l'éthique et compromet le bonheur de l'homme. Dans l'essai *Nos affections s'emportent au delà de nous*, Montaigne rapporte avec amusement le soin que les hommes prennent de leur dépouille après la mort. Il prend ainsi à partie *L'Ethique à Nicomaque*, I, x, commentant la sentence de Solon, pour qui personne ne peut se dire heureux à moins qu'il meure "selon ordre" et qu'il s'assure après sa mort une bonne renommée, de même qu'il pourvoit suffisamment sa postérité. A cette thèse, Montaigne réplique par une totale négation: "Et seroit meilleur de dire à Solon, que jamais homme n'est donq heureux, puis qu'il ne l'est qu'apres qu'il n'est plus" (I, 3, 17C). On n'est pas heureux après s'être assuré de sa bonne mort et du bon état des affaires qu'on laisse, pour la simple raison qu'on *n'est pas*. Comme le précise la phrase précédente: "...estant hors de l'estre, nous n'avons aucune communication avec ce qui est". L'être immanent, cet être subjectif et *nôtre*, est ici accompagné d'un article défini qui semble l'absolutiser. Mais le bonheur n'est accessible ni après, ni avant la mort. Dans ce dernier cas, il ne peut être que plaisir, c'est-à-dire il reste soumis à la mutabilité des choses: "Pendant que nous nous remuons, nous nous portons par preoccupation où il nous plaist..."

Le néant.

Ce plaisir ne peut certainement égaler la jouissance divine tant désirée, car *notre* être, qui en devrait être l'objet, est rongé par la mort, autrement dit, pénétré de néant. Les différences internes émiettent le "moi", font éclater l'individualité, l'éparpillent parmi les entités étrangères qui ainsi deviennent curieusement proches. La vie de même reste compartimentée en tant de divers états, aussi lointains les uns des autres, que ces divergences surpassent celle, apparemment fondamentale, qui l'oppose à la mort. Ainsi la mort de la jeunesse en nous est bien plus douloureuse que n'est la mort même, "le sault n'est pas si lourd du mal estre au non estre, comme il est d'un estre doux et fleurissant à un estre penible et douloureux" (I, 20, 91B).

Avec la mort, c'est le néant qui entre dans l'existence. La dissolution à peine perceptible des limites entre le non-être et *notre* être ouvre la voie au discours de la vanité qui sous-tend l'éloge de l'expérience de la vie dans les *Essais*:

> Moy qui me vente d'embrasser si curieusement les commoditez de la vie, et si particulierement, n'y trouve, quand j'y regarde ainsi finement, à peu pres que du vent. Mais quoy, nous sommes par tout vent. (III, 13, 1106-1107C)[20]

Inutile d'insister sur la vanité de nos voluptés naturelles, elle est suffisamment manifeste. Inutile de chercher une diversion du vide qui nous habite: "Peu de chose nous divertit et destourne, car peu de chose nous tient"(III, 4, 836B).

Il n'y a aucune note d'apologie dans ce service voué à la vie, mais plutôt un jugement lucide porté sur l'indigence ontologique de l'homme, précarité à laquelle il vaut toujours mieux faire face au lieu de se laisser emporter par des rêveries enfantées par notre inanité[21]. En joignant dans l'étude du "moi" sa métaphysique et sa physique, Montaigne sonde le vide. Au dehors comme au dedans de lui-même, l'homme contemple le néant. La seule consolation - celle que le vide intérieur est plus restreint - s'évanouit vite sous les coups de l'ambition humaine dont l'inanité englobe l'univers[22].

---

[20] L'article de Virginia M. Green démontre la vanité "cachée" dans l'intertexte des exemples positifs de l'essai III, 9 ["Hidden Vanities: Montaigne's Manipulations of the Intertext in III, 9, 'De la vanité'", *Bibliothèque d'Humanisme et Renaissance*, 1 (1994), pp. 39-59].

[21] "Nous n'avons que faire d'exagerer leur inanité; elle se faict assez sentir et se produit assez" - (III, 13, 1106C). Je ne crois donc pas que l'expérience confère, en dernière instance, une valeur positive à l'ontologie montaignienne.

[22] " C'est tousjours vanité pour toy, dedans ou dehors, mais elle est moins vanité quand elle est moins estendue. Sauf toy, ô homme, disoit ce Dieu, châque chose s'estudie la premiere et a, selon son besoin, des limites à ses travaux et desirs. Il n'en est une seule si vuide et necessiteuse que toy, qui embrasses l'univers: tu es le scrutateur sans connoissance, le magistrat sans jurisdiction et apres tout le badin de la farce" - (1001B).

Il semble très utile de lire ce type de pensée ontologique, tellement sensible au "cuyder" occultant la précarité de l'être humain, sur le fond de la tradition négative dans la théologie. Pourtant ici de même, tout comme dans l'*Apologie*, Montaigne modifie le cadre intellectuel qui lui sert visiblement de référence. Pour le mystique dionysien, l'être humain doit s'anéantir afin de tendre vers la Totalité de Dieu. Pour Montaigne, en revanche, si *notre* être se résout facilement en rien, le processus inverse est aussi possible et, semble-t-il, aussi aisé. Cela constitue une sorte de variation montaignienne sur le thème de la création, dogme dont l'exposition scolastique s'appuie volontiers sur l'affirmation de l'absolue transcendance de Dieu. Thomas d'Aquin insiste que la création *ex nihilo* requiert, pour s'accomplir, la puissance divine. Cet agent infini est nécessaire précisément à cause de la distance infinie qui sépare le non-être et l'être[23]. Il y a là non seulement une mise en valeur de la puissance créatrice de Dieu, mais aussi celle de sa transcendance. En effet, selon un même principe, Dieu est plus distant des créatures, que celles-ci ne le sont entre elles.

Montaigne semble suivre le même mode de pensée, lorsqu'il suggère qu'il "y a plus loing de rien à la plus petite chose au monde, qu'il n'y a de celle là jusques à la plus grande" (III, 11, 1027B). Isolée de son contexte, cette phrase pourrait passer pour l'affirmation de la transcendance du néant, ou bien, prise positivement, celle de l'épaisseur et de l'autonomie de l'existence. Elle révèle pourtant un sens opposé, si elle est réinsérée au début du chapitre *Des boyteux*, où Montaigne se plaît à songer "combien l'humaine raison est un instrument libre et vague" (1026B). Il y est question de ces "miracles", racontars que les hommes se passent en les grossissant, profitant du moindre prétexte pour rechercher curieusement les causes et les conséquences de ce qui n'a jamais eu d'existence réelle. Si donc la distance n'est pas grande entre un joyeux

---

[23] "Ens et non ens in infinitum distant. Sed operari aliquid ex distantia infinita est infinitae virtutis. Ergo creare est infinitae virtutis" - saint Thomas d'Aquin, *De Potentia*, 3, 4, *Sed Contra*, cité d'après Fran O'Rourke, *Pseudo-Dionysius and the Metaphysics of Aquinas*, Leiden, New York, Köln, E. J. Brill, 1992, p. 209, n. 77. V. aussi n. 75: "Deus plus distat a creaturis, quam quaecumque creaturae ab invicem".

badinage et un miracle de notoriété publique, c'est parce que celle qui sépare le néant de "la plus petite chose au monde" n'est pas, elle non plus, malaisée à parcourir. Tout au contraire:

> Nostre discours est capable d'estoffer cent autres mondes et d'en trouver les principes et la contexture. Il ne luy faut ny matiere ny baze; laissez le courre: il bastit aussi bien sur le vuide que sur le plain, et de l'inanité que de matiere...
> (III, 11, 1027B)

Encore une fois, cet effet de boule de neige intellectuelle a des fondements ontologiques que Montaigne s'empresse à rappeler: "Nous aymons nous embrouiller en la vanité, comme conforme à nostre estre" (1027B)[24].

Il a aussi un correspondant éthique. En ce siècle débordé, lorsque les hommes s'ingénient au mal selon leurs talents et leurs possibilités, l'inutile devient une valeur digne de louange (III, 9, 946B). Vue de cette perspective la conception épicurienne du bonheur comme absence de douleur semble étrangement inverser la définition théologique du mal. Traditionnellement, c'est le mal qui est identifié au néant, à l'absence du bien[25]. Or pour Montaigne: "Nostre bien estre, ce n'est que la privation d'estre mal" (II, 12, 493A). Niée, la douleur devient le terme positif de l'opposition.

---

[24] Cf. II, 2, 345-346: "Pensent ils qu'une Apoplexie n'estourdisse aussi bien Socrates qu'un portefaix? Les uns ont oublié leur nom mesme par la force d'une maladie, et une legiere blessure a renversé le jugement à d'autres. Tant sange qu'il voudra, mais en fin c'est un homme: qu'est il plus caduque, plus miserable et plus de neant?" Le néant montaignien est fortement lié à la vanité de l'existence. Il n'est point une réalité transcendante, mais plutôt l'attribut des choses de ce monde, la finalité de l'action humaine. C'est pourquoi, comme l'atteste la *Concordance* de Roy D. Leake, le mot "néant" n'apparaît dans les *Essais* que comme complément prépositionnel ("choses *de* néant", "faire quelque chose *pour* néant"). Frédéric Brahami souligne a juste titre que, chez Montaigne, la vanité n'est pas une catégorie morale, mais ontologique (*Le scepticisme de Montaigne*, Paris, Puf, 1997, p. 90).

[25] V. Joannes Altenstaig, Joannes Tytz, *Lexicon Theologicum*, Coloniae Agrippinae, Petrus Henningius, 1619, p. 587. Mais surtout Denys l'Aréopagite, *Noms divins*, IV.

Mais n'avoir point de mal n'équivaut certainement pas à atteindre *le* bonheur. C'est juste "le plus avoir de bien que l'homme puisse esperer" (493A). De même si, en se nourrissant d'inanité, notre raison est capable d'enfanter de nouveaux mondes, ce n'est point là une preuve de sa créativité, mais plutôt de sa déficience. Comme l'extrême négativité du Dieu innommable de l'*Apologie* ne débouche point sur la profusion de ses noms, comme la coïncidence des sommets de l'être avec son stade infime n'est point dictée par la présence paradoxale de la Transcendance dans la Création, mais plutôt par l'exclusion, l'aliénation du "milieu" qu'est notre existence, stade intermédiaire et transitoire, voué à la mutation et à la contrariété, ainsi le jugement que Montaigne porte sur son propre discours ne semble point l'éloge de sa plénitude[26]. Lorsqu'il confesse de ne traiter "à point nommé de rien que du rien" (III, 12, 1057C), le néant retrouve sous sa plume la consistance familière de *notre* être. Il peut être un palliatif efficace contre la souffrance ou même une source de plaisir, mais il garde pourtant toute sa négativité. Il n'est certainement pas une alternative réconfortante à l'absence de l'Etre projeté dans l'inaccessible absolu.

---

[26] C'est la thèse de l'article, par ailleurs excellent, de Mary B. McKinley, à laquelle il m'est difficile de souscrire: "L'accomplissement de l''Apologie de Raimond Sebond': esthétique et théologie", in *Bulletin de la Société des Amis de Montaigne*, 13-16 (1988-1989), p. 57. Cf. avec le jugement de Ian Maclean, *Montaigne philosophe*, Paris, Puf, 1996, p. 83: "L'homme n'est que vanité, les paroles ne sont que du vent, mais l'énergie qui fait que l'on s'énonce, c'est l'acte instituteur de l'être vicié qu'est l'homme".

CHAPITRE IV

LE "MOI": REPENTIR ET REGRET

Parler de soi sans contrariété?

Quel être serait-il plus *nôtre*, plus familier, que le "moi"? C'est évidemment à propos du "moi" de Montaigne que se manifeste d'une façon la plus éclatante l'aporie de son écriture: la conjonction du doute radical et de la revendication de la connaissance de soi-même, l'association de l'extrême négativité ontologique et du postulat de la présence de l'auteur au cœur des *Essais*.

Comment comprendre, au milieu d'innombrables protestations de modestie et d'incompétence, la triomphale revendication du moi, juge et partie dans l'autoconnaissance et l'autoreprésentation[1]? Qu'est-ce qui autorise Montaigne à parler de lui-même? La question est formulée dans *Du repentir*:

> Mais est-ce raison que, si particulier en usage, je pretende me rendre public en cognoissance? Est-il aussi raison que je produise au monde, où la façon et l'art ont tant de credit et de commandement, des effects de nature crus et simples, et d'une nature encore bien foiblette? (III, 2, 805B)

Cette question reste sans réponse immédiate. Car on ne peut considérer comme telle la fameuse affirmation qui attribue à chaque homme "la forme

---

[1] Gérard Defaux a clairement défini le premier aspect de ce problème. V. son *Marot, Rabelais, Montaigne: l'écriture comme présence*, Genève, Slatkine, 1987, surtout le chap. IV.

entiere de l'humaine condition". En effet, en précédant immédiatement la question de Montaigne dans la couche [B] du texte, elle est loin de se poser comme solution au doute exprimé ("Mais est-ce raison que..."). Elle en est la source. Que chaque homme soit pleinement homme de son état, n'est pas encore une raison suffisante pour que Michel de Montaigne consacre un livre à lui-même, et encore moins que ce livre se présente comme un discours de vérité sur son objet[2].

A défaut donc de prémisse générale qui puisse justifier cette science du particulier que sont les *Essais*, il est toujours possible de citer une circonstance atténuante qui démontre "aumoins" la conformité partielle du projet montaignien avec les préceptes de l'art: Montaigne est certainement la personne la plus compétente à traiter son sujet, c'est-à-dire à parler de lui-même (805B). Lui seul atteint le "plus exactement et plainement" l'objectif qu'il s'est proposé au départ. Tout cela parce que dans cet univers où règne la contradiction et la dissemblance, nulle contrariété ne sépare Montaigne de son ouvrage:

> Il ne peut advenir icy ce que je voy advenir souvent, que l'artizan et sa besoigne se contrarient... (III, 2, 806B)

Face à une assertion aussi péremptoire, il est difficile de croire que le discours de Montaigne soit, comme il l'entend être, "enquerant et ignorant", proclamé avec une "naifve et essentielle submission" (806B). Comment ne pas le considérer, contrairement aux protestations de

---

[2] A propos de cette formule fameuse v. l'essentielle mise au point d'André Tournon: "Le grammairien, le jurisconsulte, et l'"humaine condition"", *Bulletin de la Société des Amis de Montaigne*, 21-22 (1990), pp. 107-118, ainsi que, du même auteur, "Le maniement logique de l'illogisme, de Montaigne à Verville", in *Logique et littérature à la Renaissance*, éd. Marie-Luce Demonet-Launay et André Tournon, Paris, Champion, 1994, pp. 219-234. André Tournon y démontre que l'"humaine condition" renvoie non à un idéal métaphysique, mais, conformément à son origine juridique, à un ensemble de possibles, caractérisés par la diversité et la contingence. Il s'ensuit que le repentir "est interdit dans l'ordre de l'éthique humaine" qui assume la mobilité de notre condition. Mon propos sera de montrer que le repentir est aussi impossible dans l'ordre de l'ontologie négative qui sous-tend les *Essais*.

l'essayiste, précisément comme une sorte de "ceremonie" rhétorique servant à mieux accréditer le savoir du sujet et la "resolution" morale que cette connaissance apporte?

Mais il y a plus: non seulement *notre* être, ramené aux dimensions particulières du "moi" ne semble plus tellement insaisissable, mais encore il paraît pleinement accepté par Montaigne. Si l'Etre transcendant reste hors d'atteinte, si *notre* être se dilue, rongé par le néant, le "moi" serait-il enfin ce terrain de prédilection où le jugement puisse s'exercer sans contrariété et où son effet serait enfin positif? Dans quelle mesure *Du repentir* serait-il une affirmation d'impénitence?

Car c'est bien l'absence de repentir que Montaigne proclame en conclusion de l'essai:

> Je me veux presenter et faire veoir par tout uniformément. Si j'avois à revivre, je revivrois comme j'ay vescu; ny je ne pleins le passé, ny je ne crains l'advenir. (III, 2, 816C)

Cet ajout ne fait que reprendre d'autres déclarations d'impénitence qui ponctuent l'essai. Décliné à travers le chapitre, cet aveu sera complété par l'éloge d'une conscience satisfaite d'elle-même, en paix avec son humanité. Il pourrait alors être interprété comme le contrepoids positif du doute montaignien, le point d'appui fixe de la conscience de l'universelle fluidité des choses, la solution - à l'échelle humaine - du combat des contrariétés. Ainsi comprise, l'affirmation du "moi" montaignien a d'ailleurs été diversement reçue par ses lecteurs.

Pour Arnauld, Nicole et Pascal, elle prouve d'une façon éclatante la scandaleuse vanité de l'auteur des *Essais*. *La Logique* de Port-Royal lui consacre une section du chapitre "Des mauvais raisonnemens que l'on commet dans la vie civile, & dans les discours ordinaires" en paraphrasant et en citant précisément les deux fragments *Du repentir* où Montaigne proclame son impénitence: "Paroles horribles, & qui marquent une extinction entiere de tout sentiment de Religion"[3]. La vanité et l'impiété en lesquelles "consiste proprement" l'esprit de Montaigne reposent sur son insistance à parler de soi, et plus précisément à parler de ses vices, bien qu'il ne soit qu'une personne "du commun". D'après le commentaire des Messieurs de Port-Royal, un tel objet de discours n'est acceptable que dans la situation où l'on s'en distancie suffisamment, que ce soit vers le haut, ou vers le bas. Seules donc les "personnes d'une vertu *éminente*" peuvent parler d'elles-mêmes, car on peut espérer que leur supériorité morale incitera leurs auditeurs à l'émulation. De même elles seules ont le droit de publier leurs fautes, car en s'"humiliant devant les hommes", donc en se rabaissant volontairement, elles pourront détourner les autres de leurs erreurs.

Le même refus de Montaigne de se hausser au-dessus, ou de se ravaler au-dessous de la condition humaine demeure inacceptable pour les jansénistes. En revanche, il est tout naturellement l'objet d'une particulière louange pour la critique contemporaine. L'impénitence intégrale, consciente d'elle-même et centrée sur elle-même devient alors le signe d'une humanité "entière"[4]. Le vide scandaleux qu'Arnauld et Nicole voyaient dans la vanité montaignienne se transforme ainsi en plénitude.

Il semble cependant que l'impénitence de Montaigne ne soit ni une fanfaronnade de la conscience, ni la preuve d'une héroïque intégrité morale, mais plutôt le résultat d'une impossibilité ontologique. Celle-ci est perceptible lorsque l'on poursuit la lecture philologique de *Du repentir*[5],

---

[3] *La logique ou l'art de penser*, III, xx, a, 6-7, éd. Pierre Clair et François Girbal, Paris, Puf, 1965, pp. 268-269. V. aussi *Les Pensées*, 77 [425], *Œuvres complètes*, éd. Jacques Chevalier, Paris, Gallimard, 1954, p. 1104: "Il inspire une nonchalance du salut, *sans crainte et sans repentir*".

[4] V. Jules Brody, "Lecture philologique de l'essai *Du repentir* (III, 2)", in *Nouvelles lectures de Montaigne*, Paris, Champion, 1994, pp. 37-72, version remaniée de l'article paru dans *Yale French Studies*, 64 (1985), pp. 238-272.

[5] V., de ce point de vue, l'étude citée de Jules Brody de même que François Rigolot, "La *Pente* du "repentir": Un exemple de remotivation du signifiant dans les *Essais* de Montaigne", in *Columbia Montaigne Conference Papers*, éd. Donald M. Frame et Mary

de même que sa mise en contexte parmi les autres essais[6], mais surtout lorsque l'on préserve fidèlement les effets d'ironie et lorsque l'on explore les contradictions que Montaigne agence visiblement dans ce texte.

La vérité de Démade.

Or, la contradiction qui reste la plus patente dans cet essai est naturellement celle réunissant son impénitence réitérée - la volonté de revivre sa vie telle qu'elle a été vécue - et les phrases d'ouverture qui respirent le sentiment d'insatisfaction et le nostalgique désir d'une réparation, désormais impossible à satisfaire:

> Les autres forment l'homme; je le recite et en represente un particulier bien mal formé, et lequel, si j'avoy à façonner de nouveau, je ferois vrayement bien autre qu'il n'est. Meshuy c'est fait. (III, 2, 804B)[7]

Evidemment entre "l'homme" de la première proposition et le pronom personnel "le" qui l'exprime immédiatement après, il existe une différence de poids. Le substantif désigne le lecteur qui est soumis aux entreprises éducatives de ces "autres" auteurs. Le pronom, lui, renvoie vers l'auteur et en même temps l'objet du présent essai, en l'occurrence Montaigne lui-même. Joint à cela le refus affiché de didactisme et l'on aboutit à la

---

B. McKinley, Lexington, Ky., French Forum, 1981, pp. 119-134.

[6] A ce propos l'étude la plus éclairante à ce jour reste celle de Patricia Eichel, "Le démenti de sincérité", *Bulletin de la Société des Amis de Montaigne*, 9-10 (1987), pp. 35-48.

[7] A ma connaissance, Ian Winter est le seul à insister sur cette contradiction qui demeure pourtant fondamentale pour cet essai: "Form, Reform, and Difformity in Montaigne's 'Du repentir'", *Montaigne Studies*, 2 (1991), pp. 200-207. V. aussi, du même auteur, "L'emploi du mot 'forme' dans les *Essais* de Montaigne", in *Montaigne et les Essais. 1580 - 1980*, éd. François Moreau, Robert Granderoute, Claude Blum, Paris - Genève: Champion - Slatkine, 1983, pp. 261-268.

succincte constatation de l'état présent. Une constatation dont le mécontentement paraît plus qu'un simple topos de modestie, mais exprime le désir - désormais impossible à assouvir - d'avoir "façonné" autrement le "moi" "mal formé".

Cette distinction entre la "façon" et la "forme" mène le lecteur vers le cœur de l'essai, où Montaigne oppose sa propre "forme" à la "façon" dont usent la plupart des hommes (811B). Comme une sorte de poids inhérent, impossible à ébranler, la "forme" de Montaigne - soudainement converti à l'aristotélisme - résiste à l'influence de l'éducation et l'empêche d'être tiraillé par la force des passions. En revanche, la "commune façon" des autres, les soumet à des améliorations toutes vicieuses:

> Regardez un peu comment s'en porte nostre exprience: il n'est personne, s'il s'escoute, qui ne descouvre en soy *une forme sienne, une forme maistresse*, qui luicte contre l'institution, et contre le tempeste des passions qui luy sont contraires. De moy, je ne me sens guere agiter par secousse, je me trouve quasi tousjours en ma place, comme font les corps lourds et poisans. (...) La vraie condamnation et qui touche la commune *façon* de nos hommes, c'est que leur retraicte mesme est pleine de corruption et d'ordure; l'idée de leur amendement, chafourrée; leur penitence, malade et en coulpe, autant à peu pres que leur peché. (III, 2, 811B)

Et là, de nouveau, Montaigne semble contredire ce qu'il vient de dire à l'ouverture du chapitre. Celle-ci est occupée par l'image fameuse du monde comme "branloire perenne". Son mouvement n'est pas seulement perpétuel, il est aussi universel, la constance n'étant "qu'un branle plus languissant". Une fluctuation aussi générale, et aussi frénétique, nécessite un discours qui lui soit adapté, qui renonce à peindre l'être, et s'attache à rendre le "passage" (804-805B).

Par rapport à cette universelle vacillation, le "moi" aurait-il retrouvé un poids naturel qui le stabiliserait[8]? La nature humaine gagnerait-

---

[8] François Rigolot parle de la "véritable pesanteur, celle qui compte ou devrait compter pour l'homme, (...) celle qui appartient à la 'forme sienne' de l'être, à sa 'forme maistresse': (...) la *pente* des 'inclinations naturelles'" (p. 124). Dans la version anglaise de son article, Jules Brody décrit la "forme maistresse" comme "a metaphor for a posited

elle dans le for intérieur de Montaigne une vérité, une vertu, même contingente, mais pourtant suffisamment entière et cohérente pour racheter la "*felix culpa*" de la vie et des écrits de Montaigne[9]? C'est ce que paraît suggérer le passage qui clôt la mise en scène de la "branloire" universelle, en supposant, apparemment, l'existence d'une vérité fondamentale à laquelle le "moi" peut rester fidèle malgré et à travers les contradictions qui le déchirent:

> Je pourray tantost changer, non de fortune seulement, mais aussi d'intention. C'est un contrerolle de divers et muables accidens et d'imaginations irresoluës et, quand y eschet, contraires; soit que je sois autre moy-mesme, soit que je saisisse les subjects par autres circonstances et considerations. Tant y a que je me contredits bien à l'adventure, mais la verité, comme disoit Demades, je ne la contredy point. (III, 2, 805B)

Serait-ce donc là le pivot compositionnel qui convertit la nostalgie du début en la fière impénitence du corps de l'essai, un passage où l'on puisse enfin prendre Montaigne au mot, au mot d'une vérité assumée par son exception à l'emprise du doute?

Le fait est qu'en ce passage stratégique de l'essai Montaigne ne parvient pas à se libérer de la contradiction, qu'il ne se communique pas directement, mais par l'intermédiaire de l'antiphrase. Tel est du moins le "ton plus delicat" qu'introduit dans cette déclaration apparemment univoque la "teste" de Démade censée cautionner la fidélité de Montaigne à la vérité[10]. Caution bien douteuse en effet, si l'on se rapporte à la *Vie de*

---

innate tendency towards stability" qui, préservée par l'impénitence, permet d'imiter l'unité organique de la Nature (v. pp. 241-242, n. 2 et p. 263).

[9] Jules Brody, p. 47.

[10] "Et combien y ay-je espandu d'histoires qui ne disent mot, lesquelles qui voudra esplucher un peu ingenieusement, en produira infinis Essais. Ny elles, ny mes allegations ne servent pas toujours simplement d'exemple, d'authorité ou d'ornement. Je ne les regarde pas seulement par l'usage que j'en tire. Elles portent souvent, hors de mon propos, la semence d'une matiere plus riche et plus hardie, et sonnent à gauche un ton plus delicat..." - (I, 40, 251C).

Démosthène de Plutarque, traduite par Amyot, et dont l'allusion à Démade est tirée[11]. Celui-ci y est clairement cité comme l'exemple d'un orateur prêt à "tourn[er] sa robbe en matiere de gouvernement et de la chose publique" si tel est son intérêt. Le prétexte du bien commun (Montaigne y substitue la vérité dans sa propre version) demeure peu crédible lorsqu'on remarque que Démade ouvre chez Plutarque une série d'exemples de versatilité peu recommandable: Melanopus qui se laisse corrompre par son adversaire politique et qui se justifie par la nécessité de préserver le bien public, Nicodemus Messenien qui motive son propre revirement par l'utilité d'obéir toujours à ceux qui sont les plus puissants.

Ainsi l'évocation de Démade entre en résonance avec l'essai précédent, *De l'utile et de l'honneste* (III, 1). Car les exemples d'inconstances et d'hypocrisie sont allégués par Plutarque pour mieux mettre en valeur la persévérance et la constance de l'engagement politique de Démosthène. Non pas que le célèbre orateur soit absolument idéalisé: il était un piètre soldat et acceptait volontiers de l'argent pour ses louanges. Toutefois il ne se laissa jamais corrompre et n'abandonna jamais - "ny en faict ny en parole" et cela jusqu'à sa mort même - le combat contre Philippe de Macédoine. C'est pourquoi ses discours sont fondés sur "ce qui est honeste seulement, qui se doyve choisir et elire pour l'amour de soymesme" et non pas sur ce qui est plus plaisant, plus facile ou plus utile. Démade, en revanche, finit tué par les Macédoniens qu'il n'a cessé de flatter et en faveur de qui il a trahi le parti patriote athénien. En plus, comme le remarque Plutarque à la fin de la *Vie* de Démosthène, il dut sa mort à une nouvelle trahison. Cette fois-ci il voulait abandonner ses maîtres étrangers en présumant leur faiblesse; et Plutarque de conclure "que les trestres qui vendent leur païs se vendent eulx mesmes les premiers"[12].

---

[11] Jacques Amyot, *Les vies des hommes illustres Grecs et Romains*, *Demosthenes et Ciceron*, XIII, éd. Jean Normand, Paris, Hachette, 1927, pp. 18-20.

[12] P. 45 de l'édition citée. Sur la même page Plutarque évoque une anecdote qui doit illustrer l'honneur en lequel on tenait l'intégrité de Démosthène même après sa mort. Un soldat dut placer quelques pièces d'or en un endroit sûr et il choisit pour cet effet la statue du célèbre orateur dont les mains formaient un creu suffisant pour cacher son trésor.

Si donc, pour caractériser sa fidélité à la vérité, Montaigne se réclame d'un traître changeant volontairement d'opinion selon le bon vent de la fortune, il semble qu'il faille garder cette indication à l'esprit et ne pas réduire trop vite les contradictions intentionnellement agencées de l'essai à l'apologie de la plénitude d'une nature humaine que Montaigne retrouverait dans son for intérieur. Il apparaît clairement que se dire fidèle à la vérité, comme le faisait Démade, est, tout simplement, ne pas pouvoir lui être fidèle. Plus même, être fidèle comme Démade, c'est être infidèle au changement même, puisque ce misérable n'a pas su être conséquent jusque dans sa trahison. Le jeu d'ironie intertextuelle compromet à l'avance toute tentative de construire au cœur du "moi" une essence morale, aussi modeste et versatile soit-elle.

La conscience d'un homme.

Car si la nature humaine est en fait l'enjeu *Du repentir*, ce n'est pas parce qu'elle est une sorte d'absolu à l'échelle individuelle, l'universel aisément particularisable, mais parce que, semble-t-il, de par son être même, l'homme est incapable d'un authentique repentir[13]. En effet,

---

Son bien ayant été recouvré par lui intact après bien longtemps, on en prit occasion pour louer Démosthène, "comme n'ayant en sa vie point esté corrompable" (p. 45). A contraster avec cette anecdote le châtiment *post mortem* préparé à Démade: ses statues ont été fondues en urinaux et bassins des chaises percées (Plutarque, *Instruction pour ceulx qui manient affaires d'estat*, p. 175E). L'avidité de Démade est aussi exemplaire (*De l'avarice et convoitise d'avoir*, pp. 98G et 99B, *Les dicts notables des anciens Roys, Princes et grands Capitaines*, p. 195B).

[13] C'est Patricia Eichel qui insiste, avec raison, sur le rôle de la notion de "nature" dans *Du repentir*. Cependant, en passant sous silence l'ironie intertextuelle de la référence à Démade, elle aboutit à une conception duelle de la personnalité de Montaigne, d'une part éparpillée en "des *Je* en miniscule, multiples et hétérogènes" et d'autre part intégrée dans le "*Je* majuscule unique et global" qui représente la "forme-maistresse" (pp. 45-46). Il y a là une proposition - typique à propos de cet essai - de "sauver" le "moi" de Montaigne comme une entité ontologique cohérente et stable, entité que l'ironie et les

Montaigne prend soin dans un ajout de la couche [C] de spécifier que son impénitence est tout humaine:

> Excusons icy ce que je dy souvent que je me repens rarement [C] et que ma conscience se contente de soy: non comme de la conscience d'un ange ou d'un cheval, mais comme de la conscience d'un homme... (III, 2, 806BC)

La précision est importante: encore une fois Montaigne se place lui-même dans le stade intermédiaire de l'échelle triadique qui lui est si familière. L'auto-satisfaction morale dont il se réclame n'est ni l'inconscience bestiale ni la pureté de l'absolu. Cela ne veut pourtant pas dire que Montaigne s'est fixé en une sorte de juste milieu sécurisant, ni qu'il soit d'autre part déchiré, ni ange ni bête, par une dualité pascalienne. Il s'agit plutôt de rappeler au lecteur que la nature même de l'homme compromet d'avance une pleine connaissance du "moi" et les tentatives de réformation qui pourraient en résulter. La bonne conscience de Montaigne est la bonne "conscience d'un homme", c'est-à-dire travaillée par l'orgueil et souvent aveugle à ses propres déficiences, mais aussi, on le verra, capable de s'appréhender rationnellement elle-même et portée par le désir d'une vertu naturelle, même si cette saisie rationnelle et ce désir n'équivalent pas à la réformation du "moi".

La séquence argumentative de l'essai semble confirmer cette interprétation.

Ayant précisé la nature tout humaine de sa satisfaction morale, Montaigne consacre un long développement au caractère apparemment naturel et donc inévitable du repentir. Comme un ulcère qui se forme sur le corps, de même "la repentance" est engendrée par la raison dans l'âme, formant une blessure morale particulièrement cuisante. L'isotopie organique sur laquelle se déploie cet argument sert à accréditer l'automatisme de la réaction morale, qu'elle soit négative ou positive: "Il n'est pareillement bonté qui ne resjouysse une nature bien née" (807B). Toutefois, si la bonne conscience est acquise pour une "nature bien née",

---

contradictions du texte mettent constamment, me semble-t-il, en question.

en est-il de même pour une nature vicieuse et une nature qui s'ignore? En effet, tout le développement sur l'automatisme inhérent de la réaction morale est soumis au départ à la condition de la conscience. L'on ne peut se repentir que du vice que l'on connaît: "Tant est-il malaisé d'imaginer qu'on le *congnoisse* sans le haïr" (806B). Il n'est donc point étonnant que Montaigne conclue ce développement par une importante restriction:

> Mais ce qu'on dit, que la repentance suit de pres le peché, ne semble pas regarder le peché qui est en son haut appareil, qui loge en nous comme en son propre domicile. On peut desavouër et desdire les vices qui nous surprennent et vers lesquels les passions nous emportent; mais ceux qui par longue habitude sont enracinés et ancrez en une volonté forte et vigoureuse, ne sont subjects à contradiction. (III, 2, 808B)

Le "on dit", allégué au début du fragment, renvoie aux divers autorités citées dans l'essai *De la conscience* et à leur commun accord sur la puissance naturelle de la voix morale intérieure[14]. Cependant, comme on se le rappelle[15], cet "effort" de la conscience peut servir à rationaliser abusivement la torture. La voix de la nature morale intérieure risque donc ainsi d'être récupérée au profit d'une cruelle "invention" que Montaigne s'empresse de condamner en prenant avantage du doute.

Mais il y a plus, pour mettre en question la voix naturelle de la raison morale. En effet, pervertie par le raisonnement des tortionnaires dans *De la conscience*, elle subit dans *Du repentir* une sensible limitation. Le genre de repentir dont il est question dans ce fragment précis ne touche en fait que les péchés passionnels, les écarts en quelque sorte accidentels de conduite. Une telle voix de la conscience "n'est qu'une desditte de nostre volonté et opposition de nos fantaisies" (808B). La restriction grammaticale est à retenir, tout comme la forme nominale du verbe "dédire" qui reprend en écho la phrase précédente ("On peut desavouër et

---

[14] Par exemple: "Hesiode corrige le dire de Platon, que la peine suit de bien pres le peché: car il dit qu'elle naist en l'instant et quant et quant le peché" (II, 5, 367A).

[15] V. *supra*, pp. 84-85.

desdire les vices qui nous surprennent...”). Tout indique que ce repentir-là est seulement superficiel.

Il est, par ailleurs, moralement ambivalent. Comme le note Montaigne immédiatement après, un tel repentir peut nous faire désavouer non seulement les vices vers lesquels la passion nous a emportés, mais aussi, produit de ces passions mêmes, il peut faire renier la vertu et la continence passées. Et pour illustrer ce revirement de la conscience, Montaigne cite les derniers vers d'une ode horacienne consacrés à la nostalgie des joies que l'on n'a pas su goûter au temps de la jeunesse[16].

Il n'est donc pas étonnant que, face à un repentir aussi accidentel et, parfois, vicié, la valeur de la bonne conscience soit de même touchée par les restrictions énoncées. Car comment comprendre cet éloge par lequel Montaigne termine ses considérations sur les rétributions morales de la bonté:

> Ces tesmoignages de la conscience plaisent; et nous est grand benefice que cette esjouyissance naturelle, et le seul payement qui jamais ne nous manque.
>
> (III, 2, 807B)

Le “nous” aidant à la connivence de l'essayiste et du lecteur, la satisfaction morale subit une curieuse inflation. Tout comme le bon sens et la connaissance de soi dont chacun se dit suffisamment pourvu[17], de même la bonne conscience devient une piètre rétribution morale lorsque personne n'hésite à se compter parmi les “nature[s] bien née[s]”. Similaire à l'aveu de modestie dans le domaine de la connaissance, le repentir dans le domaine éthique risque de devenir - comme cela sera amplement démontré

---

[16] Ode IV, x. Il n'est pas indifférent de noter que les vers cités par Montaigne ne sont pas, comme cela pourrait le sembler grâce à leur découpage dans les *Essais*, l'expression de la voix d'Horace remémorant avec aigreur son passé vertueux. Il s'agit au contraire des paroles prêtées au jeune Ligurinus, vainement poursuivi par le poète et qui devra regretter un jour son indifférence. Ainsi ce repentir hypothétique et futur n'est qu'un instrument de séduction, puisqu'il doit servir d'argument pour convaincre le jeune homme à profiter de ses charmes lorsqu'il est encore temps.

[17] V. *supra*, pp. 20-21.

dans la seconde partie de l'essai - une "excuse" qui confirme l'attachement au vice.

L'autonomie du jugement de Cicéron.

Cependant, ce sont les conséquences métatextuelles de ces limitations de la conscience morale qui importent tout particulièrement. En affirmant que le repentir n'est qu'une "desditte" toute superficielle, et que les vices enracinés en notre volonté "ne sont subjects à contradiction", Montaigne renvoie clairement à sa propre "desditte" du début de l'essai, ce revirement annoncé sous les auspices de Démade et qui transforme la nostalgie initiale en l'affirmation de l'impénitence. La contradiction morale mise en doute par les restrictions que l'essayiste apporte au repentir (les vices "qui par longue habitude sont enracinés et ancrez en une volonté forte et vigoureuse, ne sont subjects à contradiction" - 808B), reprend la contradiction métatextuelle désamorcée par la douteuse autorité de l'orateur corrompu ("je me contredits bien à l'adventure, mais la verité, comme disoit Demades, je ne la contredy point" - 805B). Certes, Démade pouvait changer de camp politique selon les aléas de sa bonne fortune, il ne contredisait pourtant pas le vice enraciné dans sa propre nature et auquel il pouvait être lui-même aveugle: son intérêt égoïste. Si Montaigne prévient clairement le lecteur que "tantost" il pourra changer d'intention, cette volonté n'est-elle pas, comme les volte-face de Démade, juste une transformation superficielle, et passible de nouveaux changements dictés par les circonstances, mais, en même temps, cachant une fidélité profonde et, faut-il le souligner, toute négative? Autrement dit cette vérité restée intacte au milieu de tous les revirements du "moi" n'est pas un noyau de probité fondamentale, mais une défectuosité qu'aucun repentir n'est capable de sonder.

Ainsi l'effet d'ironie produit par la référence à Démade ne met pas seulement en doute la possibilité de retrouver une valeur ontologique et morale positive. Il introduit aussi une note de discordance dans l'accord apparemment libre de contrariété que Montaigne établit entre lui-même et son propre ouvrage (805-806B). Si Démade pouvait hautement proclamer sa fidélité au bien public, s'il était apparemment incapable de percevoir la trahison ancrée dans sa nature, il est fort probable que Montaigne veut, lui aussi, signaler à son lecteur, sa propre "incapacité" à rendre l'antiphrase de son discours trop explicite. Car pourquoi la conformité de l'auteur et des écrits est-elle proclamée avec autant d'insistance? Un alongeail semble en rappeler la raison: le "moi" de l'essayiste ne peut ni adopter une science d'emprunt, ni une ignorance encore plus orgueilleuse dans sa dogmatique négation. Il lui faut être "suffisant", "part tout suffisant, et à ignorer mesme" (806C).

De même que la bonne conscience, la revendication par Montaigne de l'autonomie du jugement moral semble être mise en doute. Encore avant de formuler ses restrictions envers la repentance, Montaigne consacre un long développement au besoin de ne point se fier à l'approbation publique comme rétribution des actes vertueux. Dans un dialogue direct avec son lecteur, l'essayiste souligne que chacun pour son propre compte est le seul à pouvoir adéquatement juger de ses gestes éthiques. Les autres "voyent non tant vostre nature que vostre art" (808B). Apparemment donc, de nouveau en connivence avec son interlocuteur, Montaigne établit autour de chaque "moi" individuel une zone d'immunité, impénétrable au doute et à la critique du jugement. Cette conclusion semble encore confirmée par deux phrases latines ajoutées à la fin de ce développement dans la couche [C] du texte: "Tuo tibi judicio est utendum. Virtutis et vitiorum grave ipsius conscientiae pondus est: qua sublata, jacet omnia" (808C).

Or, de nouveau, ces apparentes citations d'autorité apportent une tonalité discordante à l'argumentation, et cela avant même que Montaigne limite par ses restrictions l'automatisme naturel de la réaction morale. Les deux phrases proviennent de Cicéron, dont le choix comme caution de l'indifférence à l'opinion commune demeure, déjà par lui-même, assez troublant. En effet, Montaigne range l'orateur romain, de concours avec Pline le Jeune, parmi ceux qui prennent un soin méticuleux de leur gloire dans le monde: Cicéron n'a pas hésité à rechercher dans la solitude même une source de réputation, ni, comble de bassesse, à publier des lettres privées par quête de renommée. Il peut donc difficilement passer pour le modèle de l'indifférence à l'opinion publique. Ce doute s'amplifie encore, lorsque l'on remarque que les deux fragments, que ce soit par leur contexte original, ou que ce soit par l'interprétation que Montaigne donne à ce contexte par ailleurs, confèrent à leur énonciateur la posture d'un orgueilleux défiant les dieux mêmes.

Ainsi la première phrase est tirée du livre II des *Tusculanes* qui est consacré à la résistance que l'on doit opposer à la douleur[18]. Selon la thèse qui y est soutenue, la vertu, allant d'ailleurs de pair avec la vie heureuse (*beata vita*), exige que l'on lutte courageusement avec la douleur, laissant ainsi à la partie raisonnable de l'âme le soin de maîtriser celle qui est plus basse. Un modèle d'autocontrôle que Montaigne semble faire sien lorsqu'il dit, dans la suite de l'essai: "...je n'ay guere de mouvement qui se cache et desrobe à ma raison.." (812B). Subjuguer ainsi la souffrance demeure un postulat qui situe nettement *Du repentir* de Montaigne par rapport à un idéal plus général des *Tusculanes*, selon lequel il appartient en propre au sage de faire tout d'une façon conséquente, noble, sobre et droite, afin de ne pas s'en repentir par après[19]. Or, juste avant d'encourager son interlocuteur à ne se fier qu'à son propre jugement moral - fragment où Montaigne puisera sa citation - Cicéron cite deux philosophes stoïciens comme exemples de deux attitudes contraires face à la douleur (*Tusc.*, II, xxv, 60-62). Le premier est Denys d'Héraclée, qui, pressé par la douleur des reins, renia les enseignements de Zénon. Cette abjuration de la philosophie est condamnée dans le dialogue cicéronien et surtout corrigée par l'exemple de Possidonius, qui ne cessa de disputer malgré ses souffrances et qui se refusa à admettre que la douleur soit un mal.

Or, ces deux exemples sont cités déjà par Montaigne dans la partie de *l'Apologie de Raimond Sebond* (II, 12, 490AC) qui replace l'homme vaniteux parmi les autres créatures et qui, semble-t-il, donne à la courte citation *Du repentir* sa vraie tonalité. Ils sont introduits par l'éloge des

---

[18] *Tusculanes*, II, xxvi, 63. La référence aux *Tusculanes* I, xxiii que l'édition Villey-Saulnier reprend à celle de Strowski est clairement erronée.

[19] "Sapientis est enim proprium *nihil quod pœnitere possit facere*, nihil invitum, splendide, constanter, graviter, honeste omnia..." - *Tusc.*, V, xxviii, 81.

lettres humaines emprunté - symptomatiquement - aux *Tusculanes* et que Montaigne attribue d'ailleurs explicitement à Cicéron. Toutefois la paraphrase de l'hymne cicéronien à la philosophie est suivie par Montaigne d'un commentaire amer:

> Cettuy-cy ne semble il pas parler de la condition de Dieu tout-vivant et tout-puissant? Et, quant à l'effect, mille femmelettes ont vescu au village une vie plus equable, plus douce et plus constante que ne fust la sienne. (II, 12, 489A)

Une réalité bien misérable ravale immédiatement les ambitions de l'homme à la divinité. Celles-ci sont néanmoins tenaces, et Montaigne n'a aucun mal à compiler une liste importante de philosophes qui comparent les hommes aux dieux et cela à la défaveur des immortels. Vient alors le moment où "il faut mettre aux pieds cette sote vanité, et secouer vivement et hardiement les fondemens ridicules sur quoy ces fausses opinions se bastissent" (490A). Il s'agit de dénuder la faiblesse de l'homme, car tant qu'il sera confiant en ses propres forces il ne reconnaîtra point ce qu'il doit "à son maistre", autrement dit à Dieu.

C'est la fonction des exemples de Possidonius et de Denys d'Heraclée que Montaigne présente de façon à démontrer comment la maîtrise de soi échappe à l'homme. L'ordre dans lequel ces exemples apparaissent chez Montaigne est inverse à celui des *Tusculanes* - le renégat suit et non précède le stoïcien courageux. Ce fait même suffit pour indiquer la conclusion à laquelle Montaigne veut mener son lecteur: la philosophie la plus hautaine ne changera en rien la faiblesse de la nature humaine. Tel est aussi le commentaire que Montaigne ajoute à l'exemple de Possidonius, prisé par Cicéron pour sa lutte courageuse avec la douleur. Pour Montaigne, ce philosophe est aussi sensible aux souffrances que ne l'est un laquais, mais il le surpasse seulement en fierté, en refusant de concéder ce qu'il sent de toutes les façons dans son corps[20]. Soumise à une telle critique, l'intellect qui est l'objet de louange dans les *Tusculanes* ne permet plus de hausser l'homme à l'égal des dieux, mais plutôt le rabaisse parmi

---

[20] Montaigne utilise ici d'ailleurs la critique que Cicéron lui-même adresse spécifiquement aux stoïciens dans les *Tusculanes*, II, xiii, 30.

les autres créatures. Car, si la science sert à endurer les infortunes, l'ignorance ne le fait-elle pas mieux? Et pour illustrer cette supériorité de l'infime, Montaigne allègue l'exemple du pourceau que Pyrrhon montrait aux passagers d'un bateau ballotté par la tempête comme modèle d'indifférence au danger.

Evidemment, même le stoïcisme du pourceau de Pyrrhon a des limites. Montaigne a déjà évoqué cet exemple, toujours en critiquant l'apparente force de l'âme de Possidonius, dans *Que le goust des biens et des maux depend en bonne partie de l'opinion que nous en avons* (I, 14)[21]. L'animal a beau être indifférent au danger de mort qu'il ne peut imaginer, il ne l'est certainement pas à la douleur: "Le pourceau de Pyrrho est icy de nostre escot" (I, 14, 55A). Ce qui apparaît ainsi à l'horizon du débat sur la résistance à la douleur est la mort comme objet de la philosophie. De ce point de vue Montaigne donnera une réplique définitive aux *Tusculanes* dans *De la phisionomie,* un autre essai auquel *Du repentir* renverra encore son lecteur[22]. Il est cependant à retenir qu'en citant cette œuvre de Cicéron en conclusion de son développement sur l'autonomie du jugement moral individuel, l'essayiste fait appel à la mémoire intertextuelle de son lecteur, exige qu'il replace *Du repentir* parmi ses autres essais, l'insère dans leur lecture du texte cicéronien. Il apparaît ainsi que tout comme ce chapitre des *Essais* n'est point une exception isolée de l'ensemble de l'entreprise de Montaigne, de même le "moi" de l'essayiste n'est point un domaine privilégié où la critique du jugement et le sentiment de la déficience ontologique n'ont pas accès. Bien au contraire, replacé dans son intertexte

---

[21] Voici le commentaire acerbe de Montaigne sur Possidonius dans I, 14: "Il ne debat que du mot, et cependant si ces pointures ne l'esmeuvent, pourquoy en rompt-il son propos? Pourquoy pense-il faire beaucoup de ne l'appeller pas mal?" (55A).

[22] V. la conclusion de I, 14 ainsi que, naturellement, *Que philosopher c'est apprendre à mourir* (I, 20). Sur cet essai, v. Gérard Defaux, "De I, 20 ('Que philosopher c'est apprendre à mourir') à III, 12 ('De la phisionomie'): Ecriture et 'Essai' chez Montaigne", in *Montaigne et les "Essais" 1588 - 1988*, éd. Claude Blum, Paris, Champion, 1990), pp. 90-118; Claude Blum, "L'objet du silence. Sur 'Que philosopher c'est apprendre à mourir'", in *Le livre I des 'Essais' de Montaigne*, éd. Françoise Charpentier, *Cahiers Textuel*, 12 (1992), pp. 43-61.

- surtout celui de l'*Apologie* -, l'appel cicéronien à n'user que de son propre jugement en matières morales révèle sa tonalité ironique, s'avère la voix de l'orgueil usurpant des prérogatives quasi divines.

Cela devient encore plus manifeste avec la seconde phrase cicéronienne qui conclut le développement montaignien sur l'autonomie du jugement moral dans *Du repentir*. De nouveau, l'essayiste fait appel à la mémoire de son lecteur. En effet, la citation qu'il lui livre est défectueuse. Dans la version originale du *De natura deorum*, elle comporte une exclusion qui en révèle la portée: "...virtutis et vitiorum *sine ulla divina ratione* grave ipsius conscientiae pondus [esset]: qua sublata, jacent omnia" (III, xxxv, 85). La conscience morale individuelle n'y est donc point opposée au jugement du vulgaire, mais plutôt au dessein de Dieu. Ainsi complétée, la phrase s'accorde à l'ensemble du discours de l'académicien Cotta où elle se trouve dans le dialogue cicéronien, discours qui, dans un esprit de provocation polémique, attaque la doctrine stoïcienne de la divine providence *(De nat. deo.*, III, xl)[23]. Ce que Montaigne ne peut pas accepter, c'est qu'en attaquant le rôle providentiel de la divinité, Cotta glorifie l'homme au point de le poser, ainsi qu'en témoigne la citation tronquée du *De natura deorum* dans *Du repentir*, comme auteur et artisan unique de sa propre vertu. C'est pourquoi Montaigne prélève dans le discours de l'académicien une autre phrase (qui suit d'ailleurs de très près celle choisie pour clore la démonstration de l'autonomie morale dans *Du repentir*) et la place dans le même fragment de l'*Apologie* qui sert déjà d'intertexte à la citation des *Tusculanes*. Il s'agit de la thèse de Cotta selon laquelle nous avons raison de prendre gloire de notre vertu, car nous la devons à nous-mêmes et non à Dieu. Elle

---

[23] C'est dans cet esprit que Cotta met en doute le soin apporté par les dieux aux destinées des particuliers. Il cite la réplique de Diagoras, dit l'Athée, qui, invité à respecter les ex-voto des temples, comme autant des preuves de l'attention divine envers rescapés des naufrages, répond en rappelant tous ceux qui ont péri et qui donc n'ont pu remercier les dieux (*De nat. deo.*, III, xxxvii, 89). Montaigne connaît cette anecdote et il l'utilise pour contrecarrer les prétentions divinatoires des auteurs des almanachs (*Des prognostications*, I, 11, 44C). L'essayiste sait donc utiliser à son profit les arguments du personnage du dialogue cicéronien.

s'insère, comme il est facile à prévoir, parmi les tentatives philosophiques d'égaler l'homme à la divinité, tentatives que les exemples de la faiblesse de Possidonius et de Denys d'Heraclée suffiront à ruiner[24].

De nouveau, on pourrait se demander pourquoi Montaigne conclut le développement *Du repentir* sur l'autosuffisance de son jugement moral par la citation du *De natura deorum* attribuée à Cotta et pourquoi il l'altère de façon à en oblitérer, ne fût-ce que momentanément, la négativité provocatrice. Et, de nouveau, pour tenter de répondre à cette question, il semble nécessaire de garder à l'esprit tous les termes de la contradiction montaignienne: aussi bien sa revendication de l'autonomie dans l'appréciation morale de ses actes, de même que les citations de Cicéron dont les résonances ironiques contredisent ce postulat au lieu de le confirmer. La contradiction de l'antiphrase ainsi cultivée permet de maintenir l'ignorance "suffisante" essentielle à la démarche montaignienne. Car manifestement, il ne s'agit pas de proclamer la glorieuse supériorité du jugement moral du "moi". Il faut lui apporter une rectification négative en montrant par les citations cicéroniennes que l'exaltation de sa propre vertu peut mener à défier la divinité. Mais, d'autre part, cette rectification ne peut être, elle non plus, trop articulée dans sa négativité. Ce serait tomber dans l'orgueil de l'ignorance de la Nouvelle Académie, orgueil dont Cotta est un exemple. La critique de l'exaltation outrancière du jugement moral individuel sera donc en quelque sorte effacée par le découpage des citations, ou plus précisément mise en attente dans l'intertexte. L'oubli apparent de l'essayiste fait appel à la mémoire de son lecteur.

En dernière instance donc, les remords et la satisfaction morale ont beau être des réactions naturelles, les vices implantés dans notre nature même échappent à leur emprise. Pareillement, chacun peut bien se dire maître de son propre jugement moral, mais ce n'est là qu'usurper le pouvoir du maître de toute la Création. Encore une fois la vérité, cet être

---

[24] "In virtute vere [recte] gloriamur; quod non contingeret, si id donum a deo, non a nobis haberemus", *De nat. div.*, III, xxxvi, 87; cité dans l'*Apologie*, 489C.

du “moi” dont Montaigne se dit le meilleur connaisseur, nous échappe parmi les contradictions et les antiphrases.

Le visage de Socrate.

Ainsi préparé, le lecteur aborde la partie centrale *Du repentir*, consacrée précisément au problème de la nature et de la “forme maistresse” et introduite par l’exemple de Socrate, celui qui, à l’encontre d’Alexandre le Grand, fameux par les éclats de sa vertu guerrière, possède une science morale moins spectaculaire mais bien plus précieuse: “mener l’humaine vie conformément à sa naturelle condition” (809B). Montaigne oppose ici clairement les capacités du monarque, les “marque[s] particuliere[s]” d’un roi - “gaigner une bresche, conduire une ambassade, regir un peuple...” -, à l’“estre universel” de l’homme Socrate: “tancer, rire, vendre, payer, aymer, hayr (...) ne relâcher point, ne se desmentir poinct, c’est chose plus rare, plus difficile et moins remerquable” (809B). Contrairement au conquérant, la valeur morale du philosophe consiste non pas tant à “aller haut, mais ordonnéement”. Si Montaigne revendique de l’ordre jusque dans les écarts de conduite de sa jeunesse, est-ce à dire qu’il s’identifie à Socrate[25]?

La question est importante, car sa réponse positive pourrait servir d’argument à la lecture de l’essai comme apologie de la bonne conscience de Montaigne, une conscience, certes, soumise aux vicissitudes de la fortune, mais globalement positive, car fondée sur une nature humaine enfin retrouvée, maîtrisée dans la forme du “moi”. Lue rapidement, la partie centrale *Du repentir* pourrait suggérer que Montaigne entend assimiler sa propre “forme maîtresse” à la vertu socratique de l’infime, toutes les deux également naturelles et, comme le semble suggérer un fragment de Lucain faisant la jonction entre la figure du philosophe et celle de l’essayiste, toutes les deux également résistantes au dressage qui tente

[25] C’est l’une des thèses de l’article de Jules Brody qui parle d’un “message subliminal ‘Socrate, c’est moi’”, v. pp. 53, 54, 62, etc.

de les déloger de leur assiette propre. Une telle assimilation permettrait à son tour de voir dans l'impénitence de Montaigne le reflet de l'"ordre" moral de Socrate, un ordre qui ne se dément point, quelles que soient les circonstances de la vie.

Or, il suffit de rappeler combien Montaigne et Socrate occupent des positions différentes dans la hiérarchie triadique qui structure la pensée ontologique des *Essais* pour constater que cette identification, bien que fortement désirée, s'avère impossible. Le philosophe y incarne la coïncidence parfaite du sublime et de l'infime. Celle-ci est particulièrement visible dans le discours qu'il prononce devant ses juges, "un plaidoyer [C] sec et sain, mais quand et quand naïf et *bas*, [B] d'une *hauteur* inimaginable..." et rapporté par Montaigne dans *De la phisionomie* (III, 12, 1054BCB). Les mœurs de Socrate y sont contrastées avec celles de César, ses paroles avec celles d'Aristote, tout comme sa vertu était opposée à celle d'Alexandre dans *Du repentir*. Décidément, comme l'avoue Montaigne, "nos facultez ne sont pas ainsi dressées" (1055C), nous ne sommes pas capables d'atteindre cet "extreme degré de perfection et de difficulté" inaccessible à l'art. Il n'est donc par étonnant que le "naturaliste" Montaigne, qui préfère l'invention à l'allégation, ne puisse se montrer - montrer ce qui est sien "par nature" - qu'en faisant des *Essais* "un amas de fleurs estrangeres". La nature de Socrate est simple et une, tandis que celle de l'essayiste est laborieusement façonnée d'altérité et de contradictions.

L'ensemble *De la phisionomie*, qui est à proprement parler la quête du visage naturel de Socrate, ce visage inaccessible et connu seulement par des témoignages indirects, est un essai consacré à l'aliénation de la raison humaine par rapport à la nature. C'est dans cette perspective qu'il faut comprendre la critique de la philosophie comme apprentissage de la mort, postulat des *Tusculanes* mis en question par Montaigne juste avant son allégation du discours de Socrate (1051C). Telle l'huile dont le goût s'est perdu, "sophistiquée" par des parfums étrangers, de même la raison "trouvant tousjours quelque diversité et nouvelleté, ne laisse chez nous aucune trace apparente de la nature" (III, 12, 1049-50B). C'est pourquoi la nature doit être recherchée dans la simplicité des rustres, ou bien parmi les animaux, dont le dressage assourdit cependant souvent la voix de l'instinct naturel. Si celle-ci se fait toutefois entendre, il faut cependant se demander à quel point elle répond à une pureté originelle, puisque pour l'exprimer Montaigne ne trouve rien de mieux que des métaphores suggérées par la culture et le dressage:

> ...il est bien vray qu'elles mesmes ne vont pas tousjours exactement dans la route de nature, mais ce qu'elles en desvoyent c'est si peu que vous en appercevez tousjours l'orniere. Tout ainsi que les chevaux qu'on meine en main font bien des bonds et des escapades, mais c'est la longueur de leurs longes, et suyvent ce neantmoins tousjours les pas de celuy qui les guide; et comme l'oiseau prend son vol, mais sous la bride de sa filiere. (III, 12, 1050B)

On comprend immédiatement à quel point cette recherche de la nature irrémédiablement perdue, le souvenir de Socrate connu juste de seconde main, sont importants pour les considérations sur la vertu socratique, excellente en sa médiocrité. Ces considérations introduisent, de même, la partie centrale *Du repentir* qui, lue de près, ne permet d'aucune façon d'assimiler la "forme maistresse" de Montaigne à la vertu naturelle de Socrate, ni l'impénitence de l'essayiste à l'absence du "démentir" chez le philosophe.

En effet la "forme *maistresse*" de Montaigne reprend en écho la fin de la citation de la *Pharsale* qui assume la transition entre Socrate et Montaigne. Lucain y décrit les bêtes sauvages, apparemment subjuguées par leur *maître*, mais dont les instincts primitifs se réveillent à peine qu'elles ont flairé l'odeur du sang: "...tument gustato sanguine fauces; / Fervet, et à trepido vix abstinet ira *magistro*"[26]. Cette reprise lexicale suggère déjà que la "forme maistresse", cette forme "sienne" de l'homme qui fournirait un point d'ancrage à l'être individuel en lutte contre l'influence perturbatrice de l'éducation, n'est point la vertu socratique qui échappe à l'emprise de l'art. Elle demeure elle-même le fruit de la culture, l'effet d'une "sophistication" devenue en quelque sorte l'essence de

---

[26] *La Pharsale*, IV, 241-242, cité par Montaigne p. 810B. Jules Brody met en rapport ces deux fragments p. 42, n. 5 sans pourtant remarquer, peut-être faute d'avoir pris en considération l'intertexte des *Tusculanes*, à quel point cette association met en question l'interprétation qu'il donne de ce passage.

l'individu, mais qui, contrairement à la vertu de Socrate ou celle de Caton, parfaitement assimilées à leurs complexions, peut à chaque moment révéler son artifice.

Tel est le cas de la nature des bêtes sauvages décrites par Lucain et qui devrait servir dans *Du repentir* à illustrer la pérennité des "inclinations naturelles" en dépit de l'influence de l'instruction. Car si l'on observe ce fragment de *La Pharsale* dans sa "naifve assiette" - pour donner un sens métatextuel à un terme par lequel Montaigne désigne l'état révélant la vraie nature de l'âme - il s'avère que ce passage est une image métaphorique de la réaction des soldats de Pompée au discours de leur chef Petreius. En effet, ayant dressé leurs camps respectifs dans un proche voisinage, les combattants des armées romaines adverses comprennent tout le crime du conflit civil qui les partage et fraternisent avec leurs ennemis, qu'ils reconnaissent comme leurs compatriotes et leurs proches. Pendant un court moment la Concorde règne sur ce qui devrait être un champ de bataille fratricide et il faut toute l'éloquence de Petreius pour ébranler de nouveau les esprits et les ramener à leur amour du mal[27].

La longue comparaison de *La Pharsale* est parfaitement choisie, car elle illustre à merveille non seulement l'ambivalence morale de ces "inclinations naturelles" prêtes à ressurgir malgré "une discipline contraire", mais aussi le fait que leur "nature" est fortement entachée par l'artifice. En effet, en vertu de la similitude proposée par Lucain, l'odeur du sang qui provoque les fauves temporairement domestiqués, équivaut à la rhétorique de Petreius appelant au carnage les soldats momentanément oublieux de leur haine. Cette haine criminelle, égale dans sa violence aux instincts sanguinaires de fauves, devient donc par la force de la comparaison poétique cette seconde nature qui poussera en dernière instance les combattants au massacre. Elle n'en est pas moins l'effet du choix volontaire du crime et non le résultat d'un appel de la vraie nature. Celle-ci se fera entendre, d'une façon éphémère, il est vrai, lorsque les ennemis, se reconnaissant grâce à la proximité de leurs campements

[27] "Sic fatur et omnis / concussit mentes scelerumque reduxit amorem" (*La Pharsale*, IV, 235-236, juste avant la métaphore des bêtes sauvages citée par Montaigne).

respectifs, se rappelleront les liens d'amitié ou de parenté qui les unissent. Voix, toutefois, rapidement assourdie par le discours de Petreius, mais surtout reléguée, en quelque sorte oubliée, par Montaigne dans l'intertexte de la citation insérée dans *Du repentir*.

La même ambiguïté d'une nature "sophistiquée" ou, autrement dit, de l'artifice passé en seconde nature au dépens d'une vraie nature irrémédiablement perdue, régit l'exemple suivant mentionné par Montaigne: sa connaissance du latin. De nouveau, il s'agit apparemment de démontrer que la nature, même négligée depuis longtemps, rejaillit avec force et d'une façon inattendue; voyant son père s'affaisser sous l'effet d'une soudaine faiblesse, Montaigne exprime instinctivement sa détresse en latin. Il est curieux cependant que pour illustrer la puissance de la nature, l'essayiste ait choisi le langage qui, bien qu'il lui ait été "donné pour maternel" dès sa tendre enfance, n'a pas été celui de sa mère, mais plutôt l'effet d'un apprentissage méticuleusement organisé par son père qui a fait venir un maître allemand exprès à cet effet[28]. Le latin est donc pour Montaigne "*comme* naturel" (810B), la distance établie par la comparaison étant similaire à celle qui sépare la haine des Romains partagés par la guerre civile de la férocité instinctive des bêtes sauvages.

L'état "rassis", propre d'une âme ne correspond donc pas à une nature morale primaire et entière. La "forme maistresse" est souvent celle qui est modelée par un maître et c'est pourquoi, à l'encontre de la vertu socratique libre de toute trace de combat, elle "luicte contre l'institution, et contre la tempeste des passions qui luy sont contraires" (811B). Surtout les nouvelles tentatives éducatives s'avèrent ainsi superflues. Ces "reformations externes arbitraires" - et Montaigne désigne par là évidemment la Réforme et les guerres qu'elle génère, thème annoncé par

---

[28] Sur le bilinguisme de Montaigne v. par exemple Floyd Gray, *Montaigne bilingue: le latin des "Essais"*, Paris, Champion, 1991. Comme en témoignent d'autres fragments des *Essais*, les parents de Montaigne ont dû, eux aussi, apprendre le latin pour pouvoir "jargonner" avec leur fils (V. II, 17, 639 et I, 26, 173). Le latin ne serait donc que métaphoriquement la langue "paternelle" de Montaigne, comme le voudrait Christine Brousseau-Beuermann, *La copie de Montaigne. Etude sur les citations dans les "Essais"*, Paris - Genève, Champion - Slatkine, 1989, p. 158.

le fragment de *La Pharsale* cité juste auparavant - ajoutent ainsi leur dose d'artifice à ce qui est déjà une réalité composite et qui demeure loin de la pureté naturelle idéale. Car si l'essayiste est prêt à parler de nature pour désigner la "forme maistresse" collective soumise aux réformations des protestants, ce n'est que dans le sens limité des "vices naturels consubstantiels et intestins", ces vices "de l'essence" auxquels le conflit civil en rajoutera d'autres au lieu de les épurer. Les pages suivantes de l'essai serviront à montrer à quel point la raison se fait complice de ces tares essentielles de l'individu.

L'équilibre rationnel du vice.

Les vices fournissent à la "forme maistresse" de Montaigne un point d'attache, une stabilité qui est celle des "corps lourds et poisans" (811B). Cette pesanteur ne correspond pas, on vient de le voir, à la bassesse sublime de la vertu socratique, mais plutôt, comme Montaigne va le démontrer, à un équilibre rationnel dans lequel le vice sera perçu comme un fardeau douloureux, mais dont le poids sera compensé par une charge égale d'utilité ou de plaisir:

> A d'autres (duquel regiment je suis) le vice poise, mais ils le contrebalancent avec le plaisir ou autre occasion, et le souffrent et s'y prestent à certain prix... (811B)

Au lieu d'offrir à son lecteur son "moi" comme contrepoids positif du doute, Montaigne montre comment la raison, qui devrait former notre individualité, s'attache sciemment à contrebalancer le vice pour lui ménager une place dans l'économie de notre personnalité morale. Car, visiblement, Montaigne aborde ici un cas en quelque sorte mixte, nouveau par rapport à ceux pris en considération au début de l'essai (806-808). Il ne s'agit pas d'un mal commis dans l'aveuglement passionnel et suivi d'une repentancc aussi immédiate et aussi instinctive, ni, apparemment, du mal imperceptible à la raison, car à proprement parler collé à l'homme "d'une attache naturelle, ou par longue accoutumance" (811B).

Et c'est dans l'espace étroit, presque inexistant, entre nature et coutume que se joue sur les pages qui suivent le sort de la raison comme conscience morale et où les chances du repentir de Montaigne se voient définitivement compromises. Car, apparemment, Montaigne serait ici prêt à envisager une catégorie de vices coutumiers, mais en quelque sorte insuffisamment naturalisés pour ne pas être reconnus comme tels par le jugement. Les vices de cette nouvelle sorte restent bien distincts des péchés que le caractère impétueux de la passion rend insaisissables à la raison. Ils diffèrent cependant aussi, du moins au début de ce développement, de ceux qu'une nature congénitalement maléfique ou rendue telle par une longue habitude place hors de la portée de la réflexion. Autrement dit, ces vices sont habituels, mais leur mal n'est pas pour autant imperceptible. Cependant, bien que pleinement reconnus, ils ne font plus scandale.

Il en est ainsi parce que dans ce processus d'acclimatation du mal, la raison joue un rôle essentiel. L'exemple du "larron" sert à le démontrer. Ce paysan avait volé ses voisins selon un procédé suffisamment rationnel pour passer inaperçu et s'attacha, en ses vieux ans, à rétribuer ses anciennes victimes, "à la raison de la science" des dommages qu'il avait causés. Il s'agit précisément de ce type moral particulier qui n'est assimilable ni au mal impulsif où notre jugement reste momentanément aveuglé par la tourmente des passions, ni à "cette habitude qui nous incorpore au vice et y conforme nostre entendement mesme" (812B). Tout au contraire, le larron appartient, de même que Montaigne, à ce "regiment" d'individualités morales qui consciemment et volontairement reviennent au vice tout en le "contrebalançant" par le plaisir ou l'utilité. Ce dernier motif renvoie le lecteur vers le sophisme de Démade et vers l'essai précédent. Mais ce qui importe ici surtout est la complicité de la raison qui, au lieu de servir de signal d'alarme déclenchant un authentique repentir, s'empresse de fournir des justifications au mal, le cultive en agençant l'équilibre où il trouve une place stable. De contrariété potentielle, le jugement se fait le serviteur du vice:

> Il y a des pechez impetueux, prompts et subits: laissons les à part. Mais en ces autres pechez à tant de fois reprins, deliberez et consultez, ou pechez de complexion, [C] voire pechez de profession et de vacation, [B] je ne puis pas

> concevoir qu'il soient plantez si long temps en un mesme courage sans que la raison et la conscience de celuy qui les possede, le veuille constamment et l'entende ainsi; et le repentir qu'il se vante luy en venir à certain instant prescript, m'est un peu dur à imaginer et former. (III, 2, 812BCB)

Disparue, la double distinction mettant de côté les vices passionnels d'une part et les tares naturelles et coutumières de l'autre, et qui laissait un champ libre au repentir des vices appréhendés par la raison. Reste une dualité qui, excluant toujours les péchés affectifs, élimine totalement la voix de la nature morale pour ne retenir que la maîtrise rationnelle servant à entériner le mal. Maîtrise que Montaigne revendique pour lui-même, en disant dans les lignes qui précèdent qu'il n'y a point "de mouvement qui se cache et desrobe à [s]a raison"(812B). Ainsi replacée dans son contexte, cette dernière affirmation perd beaucoup de son apparente fierté. Elle peut être aussi lue comme la réponse montaignienne au postulat des *Tusculanes*, selon lequel en poursuivant la vertu, la partie raisonnable de l'âme maîtrise celle qui est la plus basse. Non seulement, comme on le sait[29], ce postulat d'autocontrôle de la conscience apparaît difficilement réalisable, mais aussi il ne sert pas à exalter la raison, mais à la ternir moralement.

Ainsi le "moi" est vicié dans ce qui lui est le plus propre; la valeur ontologique de dernier recours est touchée par la déficience. Un vice, d'ailleurs, déficient en lui-même, car les hommes s'y adonnent "vitieusement" et "laschement", en s'inventant divers prétextes qui devraient servir à le racheter. Il n'est donc pas étonnant que le repentir qui en résulte soit tout aussi défectueux, comme l'est celui du "larron" qui considère le vol comme un mal, mais un mal moindre par rapport à la pauvreté, qui se repent de ses larcins, comme il devrait se repentir d'un mal qu'il a commis, mais qui, en même temps, ne s'en repent pas dans la mesure où il le considère compensé par ses indemnisations. La "forme maistresse" de Montaigne diffère de la "commune façon de nos hommes", non en ce que l'essayiste refuserait dans son intégrité morale de jauger le mal au prix de l'utilité ou à celui du plaisir, mais en ce qu'il est

---

[29] V. *supra*, pp. 109-112.

parfaitement conscient qu'un tel balancement n'équivaut en rien à une réparation morale.

Car, de toute évidence, une telle compensation n'a pas lieu: "Si la repentance pesoit sur le plat de la balance, elle en-porteroit le peché" (813B). Comme dans le cas de la foi vive au début de l'*Apologie*, la conditionnelle marque ici une impossibilité[30]. La conscience du mal ne résulte pas en repentir. Celui-ci ne peut être désigné tel que lorsqu'il est suffisamment profond et universel, c'est-à-dire, lorsqu'il affecte notre nature individuelle qui, on l'a vu, nous échappe constamment sous la poussée de l'art, surtout sous la pression de l'art de rationaliser le mal.

> Je ne cognoy pas de repentance superficielle, moyenne et de ceremonie. Il faut qu'elle me touche de toutes pars avant que je la nomme ainsin, et qu'elle pinse mes entrailles et les afflige autant profondement que Dieu me voit, et autant universellement. (III, 2, 813B)

L'évocation de Dieu n'est pas gratuite. Elle reprend un allongeail en [C] qui clôt, sur la page précédente, la question du repentir rationnel. Montaigne y critique, à la suite de Plutarque, l'opinion pythagoricienne selon laquelle les hommes adoptent une âme pure lorsqu'ils s'adressent aux dieux et consultent les oracles. Pour Plutarque[31], l'égoïsme et la mesquine méchanceté des prières présentées aux immortels prouve clairement que l'âme humaine reste constamment corrompue, même si elle est en oraison. Pour Montaigne, l'amendement de l'orant n'est que temporaire et superficiel. Mais ce qui importe le plus ici est de montrer que le désir de changement, l'aspiration vers les hauteurs de l'âme ne sont pas plus efficaces moralement que la connaissance rationnelle du mal:

---

[30] V. *supra*, p. 42.

[31] Cette opinion est avancée par Diodymos, le philosophe cynique qui propose de ne pas se demander pourquoi les oracles ont cessé, mais plutôt s'étonne pourquoi ils ont cessé si tard, vu la méchanceté des requêtes humaines (*Des oracles qui ont cessé*, f° 338 r°).

> Quant à moy, je puis desirer en general estre autre; je puis condamner et me desplaire de ma forme universelle, et supplier Dieu pour mon entiere reformation et pour l'excuse de ma foiblesse naturelle. Mais cela, je ne le doits pas nommer repentir, ce me semble, non plus que le desplaisir de n'estre Ange ny Caton. (III, 2, 813B)

Certes, l'impossibilité dans laquelle se trouve Montaigne de se repentir, de démentir sa vie, ne peut égaler l'harmonie sans faille de la vertu de Socrate ou de celle de Caton[32]. Etre conscient de sa déficience et de l'existence du sublime moral n'amène pas encore le repentir, mais "le regretter" (813B).

Le regret.

Il ne semble pas, après toute la critique à laquelle Montaigne soumet sa "forme universelle" et les capacités de la raison dans l'essai, que l'essayiste soit particulièrement satisfait de son incapacité à transgresser les limites étroites de ses forces. Plutôt, tout comme l'inaptitude à changer le

---

[32] Pour Socrate, v. *supra*, pp.75-77 et III, 2, 809B; pour Caton, v. par exemple *De la constance*, II, 1, 334A: "...du jeune Caton: qui en a touché une marche, a tout touché; c'est une harmonie de sons tres-accordans, qui ne se peut *démentir*. A nous, au rebours, autant d'actions, autant faut-il de jugemens particuliers". En relisant ce passage après M. A. Screech et Antoine Compagnon, André Tournon remarque avec raison que l'association de l'ange et de Caton exclut que la "forme universelle" signifie ici l'essence de l'homme en général. Elle ne semble cependant pas désigner non plus, uniquement, un ensemble d'attitudes, de paroles et d'actes assumés par Montaigne dans leur diversité. L'opposition entre le "moi" de l'essayiste et le héros antique ne se résume pas en une simple différence des gestes accomplis. Il s'agit - et Montaigne est explicite sur ce point - d'une divergence des "natures", aussi évasives soient-elles, qui sous-tendent les actes des individus: "J'imagine infinies natures plus hautes et plus reglées que la mienne; je n'amande pourtant mes facultez: comme ny mon bras ny mon esprit ne deviennent plus vigoureux pour en concevoir un autre qui le soit" (813B). La pensée de Montaigne recherche donc les essences individuelles sans pouvoir toutefois les atteindre: celle du moi est enfouie sous la contingence d'une raison qu'il faut soumettre constamment à l'exercice critique de la négation afin de ne pas la laisser se "sophistiquer"; celle de Caton s'échappe dans l'absolu dont l'association avec l'ange est une claire illustration. La philosophie morale repose donc sur la réflexion ontologique.

cours de la fortune dont il est question sur la page suivante, de même l'impossibilité d'atteindre le sublime moral des "natures plus hautes" éveille un sentiment d'amertume. Exprimé comme "regret", celui-ci semble consciemment situé sur le plan affectif, et intentionnellement dénué de valeur religieuse qu'aurait pu connoter le "repentir", manifestement inaccessible[33]. Ainsi la plainte de la fin de l'essai rejoint la nostalgie désabusée de sa phrase initiale.

Les dernières pages *Du repentir* sont marquées par les images de diminution, de chute; autrement dit par la vieillesse et la mort. Si l'*Apologie* se termine en évoquant la "divine et miraculeuse metamorphose" que la foi chrétienne aurait pu opérer en l'homme, *Du repentir* constate en conclusion les "Metamorphoses" accomplies lentement mais irréversiblement par la décrépitude de l'âge (604C et 817B). Ces images sont accompagnées par un profond sentiment de perte qui a non seulement un sens existentiel mais aussi moral. Conséquent jusqu'au bout, Montaigne n'accepte pas le repentir superficiel: "Je ne me suis pas attendu d'attacher monstrueusement la queuë d'un philosophe à la teste et au corps d'un homme perdu; ny que ce chetif bout eust à desadvouër et desmentir la plus belle, entiere et longue partie de ma vie" (816C)[34]. En revanche, il postule une réformation qui ne soit pas seulement un accident de la vieillesse, mais un acte pleinement volontaire, touchant la raison même de l'homme, donc ce qui est en lui d'intimement humain mais aussi ce qui, on l'a vu, reste marqué par le poids du péché: "Il faut que Dieu nous touche le courage. Il faut que nostre conscience s'amende d'elle mesme par renforcement de nostre raison, non par l'affoiblissement de nos appetits" (816B).

---

[33] Telle semble être du moins la distinction suggérée par le développement historique de deux verbes. "Repentir" possède un sens religieux depuis le XIIe siècle, tandis que "regretter" est lié étymologiquement à la plainte (v. le *Trésor de la langue française*, t. 14, pp. 860 et 681).

[34] Il est difficile de comprendre pourquoi Jules Brody refuse à l'adjectif "perdu" dans cette phrase le sens moral (p. 255) que celui-ci conserve pourtant depuis le XIVe siècle.

Cet appel montre assez que l'absence de repentance n'est pas un consentement satisfait, une stabilisation du "moi" dans une nature morale enfin retrouvée. La double négation qu'est le refus du repentir ne se résout pas en une affirmation. L'apologie impénitente du "moi" dans *Du repentir* est tout aussi apparente, tout aussi antiphrastique, contradictoire et autodestructrice que l'est la louange de la *Théologie naturelle* de Sebond dans l'*Apologie* qui lui est consacrée.

D'ailleurs, tout le début de l'essai suivant, *Des trois commerces* (III, 3), est une incitation à former son âme à la souplesse et à la variété: "Si c'estoit à moy à me dresser à ma mode, il n'est aucune si bonne façon où je vouleusse estre fiché pour ne m'en sçavoir desprendre" (III, 3, 819B). Ne pas se démentir n'est donc point un acquis, comme c'est le cas de ces vertus sublimes telles que celle de Socrate. Ce philosophe préféra une mort avant l'âge et se soumit à sa condamnation par "prevarication", c'est-à-dire par complicité avec ses accusateurs, plutôt que de permettre à la déchéance sénile de contredire l'intégrité de son caractère (817C). Montaigne ne peut prétendre à un tel idéal de vertu. Il lui reste à lutter contre les progrès de la décrépitude - "Mon monde est failly, ma forme est vuidée..." (III, 10, 1010C) - même si celle-ci signifie aussi bien le déclin que l'accomplissement. Il constate les changements fortuits, mais refuse de prétendre qu'ils touchent à l'essence des choses, essence qui, cependant, lui échappe:

> Quant je tance avec mon valet (...) Quand je l'appelle un badin, un veau, je n'entrepren pas de luy coudre à jamais ces tiltres; ny ne pense *me desdire* pour le nommer tantost honeste homme. Nulle qualité nous embrasse purement et universellement. Si ce n'estoit la contenance d'un fol de parler seul, il n'est jour au quel on ne m'ouist gronder en moy-mesme et contre moy: Bren du fat. Et si n'enten pas, que ce soit ma définition. (I, 38, 234-235BC - souligné J.M.)

Le démentir effleure la surface des choses, touche à peine le "moi", sans atteindre l'être évanescent qui ne laisse qu'une nature "sophistiquée" par l'artifice, altérée par le temps qui passe[35]. Ne pas se dédire devient alors une exigence d'autant plus urgente, souvent réaffirmée avec un entêtement digne d'un gentilhomme querelleur[36]. Elle n'équivaut pourtant pas à ce que l'essayiste prétende maîtriser la vérité. Les *Essais* sont bien un livre de "bonne foy" comme le proclame avec raison l'avis "Au lecteur", c'est-à-dire, juste un acte de foi, en l'absence de l'Être, trop lointain, face à la fluidité de *notre* être, rongé par le néant, et compte tenu de la dispersion du "moi"[37]. En ce siècle où l'accusation du mensonge est d'autant plus injurieuse que le mensonge lui-même est commun, aux temps où l'on s'attache aux mots avec d'autant plus de passion que l'époque des actes héroïques est révolue, Montaigne refuse de démentir moins ses gestes que sa parole. Si rien ne peut empêcher Dieu de "se desdire", l'essayiste ne jouit pas d'une liberté aussi absolue: la fidélité est un signe de déficience.

La négativité du "point de la raison".

L'impénitente fidélité du discours que Montaigne réclame reste donc négative. Le vide d'être n'est pas racheté par le langage. Tout comme

---

[35] Cette image du "moi"-objet de connaissance qui échappe au "moi"-sujet de discours est essentielle: "Je ne me tiens pas bien en ma possession et disposition (...) Ceci n'advient aussi: que je ne me trouve pas où je me cherche; et me trouve plus par rencontre que par l'inquisiton de mon jugement" - (I, 10, 40B-C); "A chaque minute il me semble que je m'eschappe" - (I, 20, 88A).

[36] "Je ne trouve aucun dire si vicieux à un gentil-homme comme le desdire me semble luy estre honteux, quand c'est un desdire qu'on luy arrache par authorité: d'autant que l'opiniastreté luy est plus excusable que la pusillanimité" - (III, 10, 1019B).

[37] C'est ainsi, comme l'objet d'un acte de foi, que je comprends la "présence" du "moi" dans les *Essais* dont parle Gérard Defaux (*Marot, Rabelais, Montaigne: l'écriture comme présence*, Genève, Slatkine, 1987 , p. 202: "La logique, ici, perd son temps. Ses arguments restent sans prise, ni conséquence. Le désir règne, et la croyance. La vérité que proclame Montaigne n'est pas en l'occurrence la vérité qui est"). J'hésiterais cependant à assimiler ce type de "croyance" à celle de Marguerite de Navarre ou de Marot.

le péché n'est pas contrebalancé par la raison, de même le doute ne trouve pas de compensation dans la plénitude de l'écriture[38]. Le mouvement existentiel et discursif préféré par Montaigne est le recul. C'est le pas adopté par ce vieillard qui s'avance vers la mort en regardant son passé, la démarche de l'auteur qui relit son livre tout en l'écrivant, le geste moral de celui qui ne trouve meilleur moyen de s'"amender qu'à reculons, par disconvenance plus que par accord, par difference que par similitude"[39]. Badin de la farce, l'essayiste en est aussi le principal pantin, ou plutôt *les* pantins qui échangent paroles et coups d'autant plus douloureux qu'ils sont tout livresques. La scène est dépeinte dans *Du démentir*, avec un humour, une amerture et une confiance en la littérature bien marotiques:

> Quant de fois, estant marry de quelque action que la civilité ou la raison me prohiboient de reprendre à descouvert, m'en suis je icy desgorgé, non sans dessein de publique instruction! Et si ces verges poétiques:
>
> Zon dessus l'euil, zon sur le groin,
> Zon sur le dos du Sagoin!
>
> s'impriment encore mieux en papier qu'en la chair vifve.
>
> (II, 18, 665C)

L'impénitence faite d'ironie et de contradiction savamment agencées joue donc avant tout un rôle critique. Il s'agit non pas d'un subterfuge verbal, mais d'une provocation intellectuelle, peut-être le dernier exemple de la mise à l'essai de la raison que la Renaissance a su si bien cultiver dans la tradition des *declamationes*.

> Dieu veuille que cet excès de ma licence attire nos hommes jusques à la liberté, par dessus ces vertus couardes et mineuses nées de nos imperfections; qu'aux despens de mon immoderation je les attire jusques au point de la raison!
>
> (III, 5, 845C)

---

[38] Pour un point de vue opposé, v. par exemple, Richard L. Regosin, "Nemo's Descent: The Rhetoric of Presence in Montaigne's *Essais*", *French Forum*, 2 (1988), pp. 153-166.

[39] III, 8, 922B. V. aussi III, 5, 842B; III, 9, 964B.

Ce “point de la raison” n’est certainement pas la Vérité dans sa transcendance divine: l’Etre absolu est bien trop lointain pour que Montaigne prétende y “attirer” ses lecteurs. Il ne s’agit pas non plus de l’équilibre de la raison commune, d’une sorte de point intermédiaire entre le sublime et l’infime: ce bon sens est bien trop partagé, c’est-à-dire déchiré, criblé de néant. Le “moi” n’offre pas, lui non plus, de point d’appui sur lequel le doute puisse se reposer: sa raison est trop occupée à compenser le mal pour mieux s’en accommoder. Cela ne veut pourtant pas dire que le sujet s’absente des *Essais*. S’il y est constamment présent cependant, c’est pour exposer sa déficience ontologique, le vide qui l’habite et qui n’est pas compensé par la “plénitude” de son écriture, mais, tout au contraire, mis à nu par son dialogisme ironique.

Et c’est peut-être là le “point de la raison” où les lecteurs de Montaigne doivent parvenir: constamment mettre en question l’homme dans sa raison connaissante, autrement dit dans ce qui fait la spécificité de son être.

Le point, comme le savait parfaitement bien la spéculation géométrique, est une non-figure, de même que Un est un non-chiffre. Cette négativité extrême était ensuite projetée par les mystiques dans la Totalité divine pour mieux en marquer la transcendance. Une telle projection n’a évidemment pas lieu dans les *Essais*. Montaigne reconnaît très clairement l’Etre absolu, transcendant jusqu’à tourner la théologie en antiphrase. Cette reconnaissance prémunit l’essayiste contre le nihilisme. Mais la négativité du “point”, l’essayiste la garde pour la raison, la raison qui se “propose” à elle-même, s’affronte elle-même et se dévisage pour conclure qu’elle ne “s’entend” pas.

Cette conclusion négative de Montaigne s’inscrit en faux contre toute la tradition renaissante du miracle qu’est l’homme, l’homme “quasi dieu”: “Aussi est-ce, Asclépius, une grande merveille que l’homme, un vivant digne de révérence et d’honneur. Car il passe dans la nature d’un dieu comme si lui-même était dieu..."[40]. Depuis Hermès, cette exclamation introduit l'hymne à la puissance de l'intellect humain. Par sa pensée l'homme pénètre les profondeurs des mers; même le ciel ne lui semble trop haut, puisqu'il le mesure par sa sagacité. Giovanni Pico della Mirandola amplifia puissamment ce message optimiste de la ressemblance entre l'homme et Dieu. Comme une sorte de foyer de toute la création, l'homme réunit en lui toutes les natures du monde, de même que Dieu résume et rassemble toutes les perfections des choses[41]. La différence qui les sépare consiste en ce que Dieu est le principe, et donc la perfection de tout, tandis que l'homme en est le moyen.

Pourtant, déjà pour Cusanus, l'exclamation d'Hermès demeure moins un encouragement qu'un avertissement portant sur l'infranchissable transcendance, comme si le "second dieu" qu'est l'homme était avant tout "second", et non pas "dieu". De même que dans l'original hermétique, il est de nouveau question des capacités de l'intellect humain à juger de la vérité. Par ses œuvres, l'homme peut "mesurer" son intellect, qui, à son tour, lui permet de "mesurer" l'Intellect divin. Mais cette spéculation sur les images ne sert en définitive qu'à constater qu'est vérité ce qui ne peut être représenté par aucune "énigme"[42].

Montaigne parle, lui aussi, de la capacité qu'a l'intellect humain à "mesurer" les choses. Il évoque ce motif, cependant, non pas pour exalter l'homme, comme le faisait Pico, non pas pour marquer les limites

---

[40] "...o Asclepi, magnum miraculum est homo, animal adorandum atque honorandum. hoc enim in naturam dei transit, quasi ipse sit deus..." *Asclepius*, I, 6, traduction de A.-J. Festugière (in *Corpus hermeticum*, Paris, Les Belles Lettres, 1960, p. 301-302).

[41] "At vero quemadmodum Deus non solum ob id quod omnia intelligit, sed quia in seipso verae rerum substantiae perfectionem totam unit et colligit, ita et homo (quamquam aliter, ut ostendemus, alioquin non Dei imago, sed Deus esset) ad integritatem suae substantiae omnes totius mundi naturas corrogat et counit" - *Heptaplus*, V, 6 (éd. d'Eugenio Garin, Firenze, Vallecchi Editore, 1942). V. aussi, naturellement, les premières lignes du *Discours de la dignité humaine*.

[42] Cusanus, *De Beryllo*, VI.

infranchissables de la raison humaine, comme le voulait Cusanus, mais pour l'accabler. Le passage en question occupe un point stratégique de l'*Apologie*: il se situe en conclusion du développement sur l'incapacité de l'homme à connaître son âme et son corps, juste avant l'apostrophe métatextuelle évoquant le coup d'escrime suicidaire. Il diffère aussi du lieu commun hermétique en ce qu'il ne compare pas explicitement l'homme à Dieu. Son point de départ semble épistémologique, mais sa formulation atteint l'être de l'homme raisonnable.

En concluant sur l'impuissance de l'homme à se connaître lui-même, Montaigne se moque de la formule de Protagoras selon laquelle l'homme est la mesure de toutes choses: "Vrayement Protagoras nous en comtoit de belles, faisant l'homme la mesure de toutes choses, qui ne sceut jamais seulement la sienne" (II, 12, 557A).

Citée ainsi, la proposition de Protagoras acquiert une portée plus générale qu'elle ne l'a, par exemple, dans le *Théétète*, où elle signifie que la connaissance consiste en la sensation qui diffère d'un individu à l'autre. Selon le sophiste, l'objet de connaissance serait en lui-même tel qu'il est perçu par les sens, par un sujet particulier et à un moment particulier. Le relativisme épistémologique qui s'ensuit est aisément confondu par Socrate lorsqu'il fait admettre à son interlocuteur qu'il existe néanmoins des hommes qui sont plus savants et d'autres qui le sont moins[43]. Chaque individu n'est pas la mesure de toutes choses, car, semble-t-il, certains sont une meilleure mesure que d'autres.

Pour Montaigne, en revanche, il ne s'agit visiblement pas de critiquer un type de connaissance spécifique. La pluralité d'opinions contradictoires n'est pas neutralisée, comme elle l'est par Socrate, dans l'évidente supériorité de l'intellect humain sur celui des animaux, ou dans les pouvoirs de la mémoire de l'homme. Tout au contraire: le flux continuel des jugements disparates montre bien que c'est l'homme en général, et non l'homme particulier, qui n'est point la mesure des choses. Il ne l'est pas, car il n'arrive pas à se "mesurer" lui-même, donc à connaître ce qui devrait lui être le plus proche. Au lieu d'arpenter les cieux grâce à

[43] V. *Théétète*, 152a - 173; v. aussi *Cratyle*, 386a-d.

l'excellence de son intellect, comme le voulaient les hermétistes, ou du moins juger ses propres capacités en une sorte de simulacre, aussi dissimilaire soit-il, comme le voulait Cusanus, l'homme de Montaigne doit reconnaître sa faillite dans ce qui lui paraît essentiel: sa raison. Celle-ci demeure inefficace comme instrument et comme agent. Il ne reste donc qu'à conclure à "la neantise du compas et du compasseur", constater l'anéantissement non seulement d'une méthode, mais aussi celui du sujet de la connaissance.

Une conclusion on ne peut plus nihiliste, s'il ne s'agissait d'un "tour d'escrime" certes, suicidaire, mais aussi meurtrier, autrement dit précisément de la provocation de l'intellect qui n'est ni l'orgueil, ni la damnation de l'homme, mais son défi.

CONCLUSION

Lorsque, dans *De l'incommodité de la grandeur* (III, 7), Montaigne regrette qu'Homère représente Vénus blessée pendant la guerre de Troie, il refuse en fait d'accepter que notre discours soumette la divinité aux vicissitudes d'ici-bas. Clairement, si Homère était vraiment un *poeta theologus*, qualification que Montaigne lui refuse pourtant explicitement[1], il serait probablement rangé parmi ces théologiens qui "escrivent trop humainement":

> [B] On faict courroucer, craindre, fuyr les dieux, [C] s'en jalouser, [B] se douloir et se passionner, pour les honorer des vertus qui se bastissent entre nous de ces imperfections. (III, 7, 919)

Projeter ainsi sur le divin les faiblesses de l'homme est une faute bien plus répandue que l'erreur inverse et dont on accuse à tort les humanistes: celle de ne pas mêler la doctrine divine à leurs écrits (I, 56, 322-323). En effet, les vérités sacrées ne devraient pas s'abaisser jusqu'à servir de matière au "dire humain". C'est pourquoi Montaigne, de sa part, adopte des expressions délibérément étrangères à la terminologie théologique, telles que "fortune, d'estinée, accident, heur et malheur, et les Dieux..." Dans ces *verba indisciplinata* se dessine le choix délibéré d'un langage commun et

---

[1] "Est-ce possible qu'Homere aye voulu dire tout ce qu'on luy faict dire; et qu'il se soit presté à tant et si diverses figures que les theologiens, legislateurs, capitaines, philosophes, toute sorte de gens qui traittent sciences, pour differemment et contrairement qu'ils les traittent, s'appuyent de luy..." - II, 12, 586C. Montaigne met ici en doute l'un des idéaux de la critique littéraire renaissante, celui de l'écrivain "récapitulatif" (Jean Lecointe), qui englobe dans sa supériorité la plénitude du savoir et des vertus rhétoriques. V. Jean Lecointe, *L'idéal et la différence. La perception de la personnalité littéraire à la Renaissance*, Genève, Droz, 1993, pp. 162-172.

qui refuse de cacher sa déficience sous le couvert de technicité. Ce ne sont pas des instruments d'instruction, mais juste des "fantasies humaines", "essais" enfantins, sujets à amendement, vocables utilisés d'une manière bien laïque, mais "tres-religieuse tousjours", autrement dit employés d'une façon aussi bien profane que commune, quoique fort respectueuse des vérités essentielles qu'ils impliquent[2].

La transcendance devrait donc être objet de foi et non d'accaparement. Il importe d'éviter de parler de Dieu "trop humainement", tout comme il est faux de diviniser les hommes. Ainsi se dessine la séparation entre la cité de Dieu et celle d'ici-bas, le divorce entre la parole divine et le discours humain. On pourrait conclure de là au fidéisme de Montaigne, ou bien, ce qui n'est nullement contradictoire, à son respect pour une religiosité légaliste et civique, adaptée à la condition corporelle de l'existence humaine[3]. Conclusion qui, sans être erronée, semble insuffisante, car elle risque de laisser supposer que le doute de l'essayiste trouve une fin satisfaisante que ce soit dans la foi en l'Etre transcendant, ou bien dans la jouissance de l'immanence. Or, de telles finalités positives sont rendues inaccessibles, à cause de la radicale négativité de l'ontologie

---

[2] Sur cette page du chapitre *Des prières* et la signification conférée à l'expression "*verba indisciplinata*" que Montaigne puise chez saint Augustin, v. les précieuses remarques d'Alain Legros, "Les *ombrages* de Montaigne et d'Augustin", in *Bibliothèque d'Humanisme et Renaissance*, 55 (1993), pp. 547-563.

[3] Comme le remarque Alain Legros (n. 48, p. 560-561), une telle religiosité est proche de l'esprit de la réforme catholique. Pour André Tournon, le fidéisme est la "pièce maîtresse" qui assure la cohérence du discours pyrrhonien de Montaigne. La foi fournit les vérités ultimes qui par leur inaccessibilité garantissent à la raison son caractère dubitatif (*Montaigne: la glose et l'essai*, Lyon, Presses Universitaires de Lyon, 1983, p. 249). Toutefois l'attente de la foi "est passive, sans trace d'inquiétude, sans besoin, sans souffrance..." (p. 246). Ailleurs le contenu doctrinal de la dernière partie de l'*Apologie* est décrit comme "un fidéisme poussé jusqu'à ses extrêmes conséquences" ou "un agnosticisme non moins cohérent" (p. 242). En étudiant l'importance de thèses héraclitéennes pour Montaigne, Françoise Joukovsky insiste en revanche sur sa fonction de "passerelle" qui "permet de dépasser la suspension de jugement, et d'aller vers la foi" (*Le Feu et le Fleuve. Héraclite et la Renaissance française*, Genève, Droz, 1991, pp. 87-88).

montaignienne, ontologie qui fonde le caractère provocateur des *Essais* et que l'on reconnaît, lorsqu'on lit les contradictions qui façonnent l'énonciation de ce texte à la lumière de la théologie négative, surtout de provenance cusienne. Bien sûr, il ne s'agit pas de voir en Montaigne un théologien, et encore moins un bâtisseur de systèmes métaphysiques. La pensée de Cusanus, fournissant l'armature de certains développements de l'*Apologie*, forme le cadre mental de la contradiction sceptique de Montaigne, sans pour autant muer la négation ontologique qui la sous-tend en contemplation mystique. Force est pourtant de souligner que la philosophie morale et l'épistémologie sceptique des *Essais* s'appuient, que ce soit par leur encadrement compositionnel, ou que ce soit par les échos intertextuels qui y résonnent, sur une ontologie fondamentalement négative.

La prétendue sagesse de l'homme révèle non seulement son ignorance, mais surtout son vide ontologique face à l'Etre, insaisissable par manque de foi et de conviction. Comme dans la théologie négative cusienne, la Transcendance est trop absolue pour que les analogies du langage humain puissent l'atteindre. Contrairement toutefois au cardinal allemand, Montaigne ne résout point cette disproportion essentielle en une poursuite infinie de Dieu. La docte ignorance de l'essayiste demeure, certes, une ignorance, au point même où le pyrrhonisme, cette invention humaine la plus accomplie, est relativisé par la métaphysique négative qui l'encadre. Celle-ci ne prétend toutefois jamais chez Montaigne à une "compréhension incompréhensible" de l'Ineffable. Bien au contraire: au lieu de dépasser la logique rationnelle par la poursuite de cet Au-delà qui transcende toute opposition, le mouvement du discours montaignien cultive soigneusement la contradiction en organisant l'énonciation de façon à ce que même l'affirmation de l'Etre absolu s'emporte, en fin de compte, elle-même.

Il n'en est pas mieux de *notre* être, ce prétendu refuge dont nous pourrions jouir si nous étions capables de nous y limiter. Toutefois ce milieu entre les extrêmes ontologiques et moraux, entre le "naître" et le "mourir", donc ce moment - semble-t-il - privilégié face au non-être qui l'entoure, n'offre aucune assise ontologique ferme et demeure le lieu de la contradiction. Celle-ci, à l'instar de l'union entre le Maximum et le

Minimum cusien, ne peut être neutralisée que dans la coïncidence des extrêmes opposés, l'infime et le sublime qui, toutefois, restent également inaccessibles au commun des mortels. Mais surtout, *notre* être manifeste l'aliénation de l'intellect "apres que le pas a esté ouvert à l'esprit", déchiré, d'une part, entre le désir de rejoindre la bassesse sublime d'une nature morale libre de toute contrariété et, de l'autre, le devoir de vertu qui se nourrit par la confrontation avec le vice et par là, du moins indirectement, semble le justifier. Ce vacillement entre l'innocence naturelle et les licences du jugement, marque de nouveau une différence qui sépare les *Essais* de la docte ignorance cusienne dont les frontières séparant la raison, l'intellect et Dieu ne peuvent être traversées que par le mouvement d'une transgression dramatique et irréversible. Il témoigne aussi de la fluidité des limites qui opposent *notre* être au non-être. L'être humain peut à tout moment basculer dans le néant, sans que cela signifie l'union mystique avec le Non-être divin, comme c'est le cas dans la théologie négative. Et inversement, conformément au vide ontologique qui lui est propre, l'esprit de l'homme se voit capable d'enfanter à partir de rien des simulacres des êtres, qui ne sont pourtant pas, comme le veut Cusanus, des signes probants, quoique dissimilaires, de la créativité divine.

Enfin le "moi" est, lui aussi, affecté par la négativité de la métaphysique des *Essais*. Comme le montre clairement l'ironie savamment entretenue, les déclarations d'impénitence les plus fières ne témoignent ni d'un être ni d'une valeur morale positifs et enfin retrouvés, mais plutôt d'une déficience ontologique vivement ressentie. Celle-ci transforme les opérations de la raison en autant de subtiles manœuvres visant à contrebalancer le vice. Incapable de justifier, la conscience permet tout au plus de se rendre compte que la nature n'apparaît jamais dans sa pureté idéale, mais demeure toujours "sophistiquée" par quelque maître qui entend la réformer. A peine perceptible grâce au système des références intertextuelles minutieusement choisies, l'ironie du discours montaignien maintient l'ignorance "suffisante", autrement dit suffisamment affirmée pour miner toute affirmation sans se transformer pour autant en dogme nouveau. Ainsi la contrariété vient rompre l'identité affichée entre le "moi" et son discours. Ce dernier, loin de compenser le doute par la plénitude de l'écriture, s'attache laborieusement et lucidement à sonder le vide ontologique.

Et c'est peut-être dans ces tentatives rhétoriques et littéraires réitérées que l'ontologie montaignienne, aussi radicalement négative, trouve un corollaire positif. Certes, en réfléchissant sur la blessure de Vénus, Montaigne déplore tout mélange incongru entre les vérités divines et le discours des hommes. Il n'en est pas moins vrai que les questions métaphysiques demeurent constamment à l'horizon de sa réflexion. Les *Essais* ne sont point un livre "nihiliste", et cela non parce que la contradiction sceptique de l'essayiste trouverait une quelconque solution. Le discours des *Essais* demeure une tentative, somme toute, positive (peut-être la dernière tentative de ce type à la Renaissance), parce que, malgré les défectuosités du "compas" du jugement et celles de l'être du "compasseur", il ne cesse d'inviter le lecteur à poursuivre le "point" infiniment fuyant de la raison, de même que la spéculation de Cusanus encourageait le mystique à tendre vers le sommet incompréhensible de la Simplicité divine. Ces deux propositions, quoique si différentes par leurs objectifs ultimes, se fondent sur une critique ontologique rigoureuse. L'Etre inaccessible, *notre* être guetté par le néant, le "moi", voué au regret à défaut de pouvoir compenser sa déficience par un authentique repentir: l'étude de la métaphysique des *Essais* permet de mesurer toute la négativité de leur discours. Cette négativité met l'Etre transcendant hors de toute atteinte et écartèle l'être immanent, *notre* être, en le nourrissant de néant. Mais c'est précisément une ontologie aussi négative qui empêche la peinture du "moi" de se muer en réconfort, qui fait des *Essais* un constant défi intellectuel.

BIBLIOGRAPHIE

AGRIPPA, Henri Corneille, *De Incertitudine et Vanitate scientiarum declamatio invectiva...*, s.l., 1535.

ALTENSTAIG, Joannes, Joannes Tytz, *Lexicon Theologicum*, Coloniae Agrippinae, Petrus Henningius, 1619.

AMYOT, Jacques, *Les œuvres morales & meslees de Plutarque*, Paris, Michel de Vascosan, 1572.

AMYOT, Jacques, *Les vies des hommes illustres Grecs et Romains*, éd. Jean Normand, Paris, Hachette, 1927.

ANTON, John Peter, *Aristotle's Theory of Contrariety*, London, Routledge and Kegan Paul, 1957.

ARNAULD, Antoine, NICOLE, Pierre, *La logique ou l'art de penser*, éd. Pierre Clair et François Girbal, Paris, Puf, 1965.

AULOTTE, Robert, "Autour de l'*Apologie*: Montaigne et le devoir de s'essayer", in *Montaigne. Regards sur les 'Essais'*, éd. Lane M. Heller, Felix R. Atance, Waterloo, Ontario, Wilfrid Laurier University Press, 1986, pp. 17-20.

AULOTTE, Robert, *Montaigne. Apologie de Raymond Sebond*, Paris, Sedes, 1979.

BARAZ, Michaël, *L'Etre et la Connaissance selon Montaigne*, Paris, José Corti, 1968.

BEDOUELLE, Guy, *Lefèvre d'Etaples et l'intelligence des écritures*, Genève, Droz, 1976.

BELIN, Christian, *L'Œuvre de Pierre Charron, 1541-1603, Littérature et théologie Montaigne à Port-Royal*, Paris, Champion, 1995.

BERTI, Enrico, "'Coincidentia oppositorum' e contraddizione", in *Concordia discors. Studi su Niccolà Cusano e l'umanesimo europeo offerti a Giovanni Santinello*, éd. Gregorio Piaia, Padova, Editrice Antenore, 1993, pp. 105-127.

BLUM, Claude, "L'*Apologie de Raimond Sebond* et le déplacement de l'apologétique traditionnelle à la fin du XVIe siècle", in *Le signe et le Texte. Etudes sur l'écriture au XVIe siècle en France*, éd. par Laurence D. Kritzman, Lexigton, French Forum, 1990, pp. 161-173.

BLUM, Claude, *La représentation de la mort dans la littérature française de la Renaissance*, Paris, Champion, 1989.

BLUM, Claude, "Les *Essais* de Montaigne, les signes, la politique, la religion", *Columbia Montaigne Conference Papers*, éd. Donald M. Frame, Mary B. McKinley, Lexington, French Forum, 1981, pp. 9-29.

BLUM, Claude, "L'Etre et le néant. Les *Essais*, voyage au bout de la métaphysique", in *Montaigne penseur et philosophes, 1588-1988*, éd. Claude Blum, Paris, Champion, 1990, pp. 129-139.

BLUM, Claude, "L'objet du silence. Sur 'Que philosopher c'est apprendre à mourir'", in *Le livre I des 'Essais' de Montaigne*, éd. Françoise Charpentier, *Cahiers Textuel*, 12 (1992), pp. 43-61.

BLUMENBERG, Hans, *The Legitimacy of the Modern Age*, trand. Robert M. Wallace, Cambridge, Mass., MIT Press, 1983.

BOASE, Alan M., *The Fortunes of Montaigne. A History of the Essays in France, 1580-1669*, London, Methuen, 1935.

BODIN, Jean, *La demonomanie des Sorciers*, Paris, Estienne Prevosteau, 1598.

BOVELLES, Charles de, *Ars oppositorum*, éd. et trad. Pierre Magnard, Paris, Vrin, 1984.

BOVELLES, Charles de, *Divinae caliginis liber...*, Lyon, A. Blanchard, 1526.

BOVELLES, Charles de, *De Nihilo*, éd. et trad. Pierre Magnard, Paris, Vrin, 1983.

BOVELLES, Charles de, *De Sapiente*, éd. et trad. Pierre Magnard, Paris, Vrin, 1982.

BOVELLES, Charles de, *Questionum Theologicarum libri septem...*, Paris, J. Badius, 1514.

BRAHAMI, Frédéric, *Le scepticisme de Montaigne*, Paris, Puf, 1997.

BRIÇONNET Guillaume, MARGUERITE DE NAVARRE, *Correspondance, 1521-1524*, éd. Christine Martineau, Michel Veissière, Henry Heller, Genève, Droz, 1975.

BRODY, Jules, "Lecture philologique de l'essai *Du repentir*, III, 2", in *Nouvelles lectures de Montaigne*, Paris, Champion, 1995, pp. 37-72.

BROUSSEAU-BEUERMANN, Christine, *La copie de Montaigne. Etude sur les citations dans les "Essais"*, Paris - Genève, Champion - Slatkine, 1989.

BRUES, Guy de, *Les dialogues*, éd. Panos Paul Morphos, Baltimore, The Johns Hopkins Press, 1953.

BRUSH, Craig B., "Reflections on Montaigne's Concept of Being", in *From Marot to Montaigne. Essays in French Renaissance Literature*, éd. Raymond C. La Charité, *Kentucky Romance Quarterly*, 19 (1972), pp. 147-165.

BUSSON, Henri, *Le rationalisme dans la littérature française de la Renaissance, 1533-1601*, Paris, Vrin, 1957.

The Cambridge History of Renaissance Philosophy, éd. Charles B. Schmitt, Eckhardt Kessler, Quintin Skinner, Cambridge, New York, New Rochelle, Cambridge University Press, 1988.

CAMUS, Pierre, *Homélies dominicales*, Rouen, Michel du Souillet, 1636.

CAMUS, Pierre, *Les diversitez...*, Dovay, Marc Wyon, 1620.

CAPELLO, Glori, "Nicolò Cusano nella corrispondenza di Briçonnet con Margherita di Navarra", *Medioevo*, 1 (1975), pp. 97-128.

CARON, Elisabeth, *Les 'Essais' de Montaigne ou les échos satiriques de l'humanisme*, Montréal, Ceres, 1993.

CARON, Elisabeth, "Montaigne au XVIIe siècle", *Papers on French Seventeenth Century Litrature*, 37 (1992), pp. 367-385.

CARON, Elisabeth, "Saint Augustin dans les *Essais*", *Montaigne Studies*, 2 (1990), pp. 17-33.

CAVE, Terence, "Au coeur de l'*Apologie*: la logique de l'antiperistase", in *Lecteur, l'auteur et l'écrivain. Montaigne 1492 - 1592 - 1992*, éd. Ilana Zinguer, Paris, Champion, 1993, pp. 1-15.

CAVE, Terence, “Imagining Scepticism in the Sixteenth Century”, *Journal of the Institute of Romance Studies*, 1 (1992), pp. 193-205.

CEARD, Jean, “Montaigne et l'*Ecclésiaste*. Recherches sur quelques sentences de la ‘librairie’”, *Bibliothèque d'Humanisme et Renaissance*, 33 (1971), pp. 367-376.

CEARD, Jean, “Montaigne, traducteur de Raimond Sebond”, *Montaigne Studies*, 1-2 (1993), pp. 11-26.

CHANET, Pierre, *Considérations sur la Sagesse de Charon*, Paris, Claude Le Groult, 1643.

CHARRON, Pierre, *Toutes les Œuvres*, Paris, Jacques Villery, 1635.

CICERON, *De Natura Deorum. Academica*, éd. H. Rackham, London - Cambridge, Mass., William Heinemann Ltd - Harvard University Press, 1966.

CICERON, *Tusculanae disputationes*, éd. J. E. King, Cambridge, Mass., Harvard University Press, 1971.

COLIE, Rosalie L., *Paradoxia Epidemica. The Renaissance Tradition of Paradox*, Princeton, Princeton University Press, 1966.

COMPAGNON, Antoine, *Chat en poche. Montaigne et l'allégorie*, Paris, Seuil, 1993.

COMPAGNON, Antoine, *Nous, Michel de Montaigne*, Paris, Seuil, 1980.

COMPAROT, Andrée, *Augustinisme et aristotélisme de Sebon à Montaigne*, Paris, Cerf, 1979.

CONCHE, Marcel, *Montaigne et la philosophie*, S.l., Editions de Mégare, 1987.

COPPIN, Joseph, *Montaigne traducteur de Sebond*, Faculté de théologie de Lille, 1925.

COSSUTTA, Frédéric, *Le scepticisme*, Paris, Puf, 1994.

CRANZ, F. Edward, “Saint Augustine and Nicholas of Cusa in the Tradition of Western Christian Thought”, *Speculum* 28 (1953), pp. 297-316.

DANCY, R. M., *Sense and Contradiction, A Study in Aristotle*, Dordrecht - Boston, D. Reidel Publishing Compagny, 1975.

DEFAUX, Gérard, “De I, 20 ,‘Que philosopher c'est apprendre à mourir’ à III, 12,‘De la phisionomie’: Ecriture et ‘Essai’ chez Montaigne”, in *Montaigne et les "Essais" 1588 - 1988*, éd. Claude Blum, Paris, Champion, 1990, pp. 90-118.

DEFAUX, Gérard, *Marot, Rabelais, Montaigne: l'écriture comme présence*, Genève, Slatkine, 1987.

DEFAUX, Gérard, "Montaigne et la rhétorique de l'indicible: l'exemple 'De la tristesse' (I, 2)", *Bibliothèque d'Humanisme et Renaissance*, 1 (1993), pp. 5-24.

DEFAUX, Gérard, "Readings of Montaigne", *Yale French Studies*, 64 (1983), pp. 87-91.

DEMONET, Marie-Luce, "'Discours' et langage animal dans l''Apologie de Raymond Sebond'", in *Le Parcours des Essais. Montaigne 1588-1988*, éd. Marcel Tetel, G. Mallary Masters, Paris, Aux Amateurs de livres, 1989, pp. 111-123.

DEMONET, Marie-Luce, *Les Voix du signe. Nature et origine du langage à la Renaissance (1480-1580)*, Paris, Champion, 1992.

DENYS L'AREOPAGITE, *Dionysiaca*, éd. Dom Chevallier, s.l., Desclée de Brouwer, 1937 et 1949, 2 vol.

DENYS L'AREOPAGITE, *Œuvres complètes*, éd. et trad. Maurice de Gandillac, Paris, Aubier, 1943.

DENYS L'AREOPAGITE, *Opera*, éd. Jacques Lefèvre d'Etaples, Paris, Jean Higman, 1498/99.

DE PUIG, Jaume, *Les sources de la pensée philosophique de Raimond Sebond (Ramon Sibiuda)*, Paris, Champion, 1994.

DODAINE, H. F., O.P., *Le corpus dionysien de l'université de Paris au XIIIe siècle*, Roma, Edizioni di Storia e Letteratura, 1953.

DU CHESNE, Joseph, *Le Grand Miroir du Monde*, Paris, Pierre Mettayer, 1595.

DUVAL, Edwin M., "Montaigne's Conversions: Compositional Strategies in the *Essais*", *French Forum*, 7 (1982), pp. 5-22.

ECKHART, *Sermons*, introd. et trad. de Jeanne Ancelet-Hustache, Paris, Ed. du Seuil, 1974.

EICHEL, Patricia, "Le démenti de sincérité", *Bulletin de la Société des Amis de Montaigne*, 9-10 (1987), pp. 35-48.

ESCLAPEZ, Raymond, "Montaigne et Nicolas de Cuse. Le thème de la 'docte ignorance' dans les *Essais*", *Littératures*, 18 (1988), pp. 25-40.

FAES DE MOTTONI, Barbara, *Il 'Corpus Dionysianum' nel Medioevo. Rassegna di studi, 1900-1972*, S.l., Società Editrice il Mulino, 1977.

FERREYROLLES, Gérard, "Les citations de Lucrèce dans l'*Apologie de Raymond Sebond*", *Bulletin de la Société des Amis de Montaigne*, 17 (1976), pp. 49-63.

FLORIDI, Luciano, "The Diffusion of Sextus Empiricus's Works in the Renaissance", *Journal of the History of Ideas*, 1 (1995), pp. 63-85.

FORGET, Pierre, *Les sentiments universels*, Paris, Toussainct du Bray, 1636.

FRIEDRICH, Hugo, *Montaigne*, Paris, Gallimard, 1968.

FUNKENSTEIN, Amos, "Scholasticism, Scepticism and Secular Theology", in *Scepticism from the Renaissance to the Enlightenment*, Wiesbaden, Otto Harrassowitz, 1987, pp. 45-54.

GANDILLAC, Maurice de, *Genèse de la modernité*, Paris, Ed. du Cerf, 1992.

GANDILLAC, Maurice de, "Lefèvre d'Etaples et Charles de Bouelles, lecteurs de Nicolas de Cues", in *L'Humanisme français au début de la Renaissance. Colloque International de Tours, XIVe stage*, Paris, Vrin, 1973, pp. 155-171.

GRAY, Floyd, *Montaigne bilingue, le latin des "Essais"*, Paris, Champion, 1991.

GRAY, Floyd, "The 'Nouveaux Docteurs' and the Problem of Montaigne's Consistency in the *Apologie de Raymond Sebond*", *Symposium*, 18 (1964), pp. 22-34.

GREEN, Virginia M., "Hidden Vanities, Montaigne's Manipulations of the Intertext in III, 9, 'De la vanité'", *Bibliothèque d'Humanisme et Renaissance*, 1 (1994), pp. 39-59.

GUTWIRTH, Marcel, *Michel de Montaigne ou le pari de l'exemplarité*, Montréal, Presses de l'Université de Montréal, 1977.

HENDRICK, Philip J., "Le dialogue de Montaigne: l'*Apologie* de Raimond Sebond", in *Montaigne et les Essais (1580-1980)*, Paris - Genève, Champion - Slatkine, 1983, pp. 213-221.

HERMES TRISMEGISTE, *Corpus hermeticum*, éd. A. J. Festugière, Paris, Les Belles Lettres, 1960.

JOUKOVSKY, Françoise, *Le Feu et le Fleuve. Héraclite et la Renaissance française*, Genève, Droz, 1991.

JOUKOVSKY, Françoise, *Le regard intérieur. Thèmes plotiniens chez quelques écrivains de la Renaissance française*, Paris, Nizet, 1982.

LA CHARITE, Raymond, *The Concept of Judgment in Montaigne*,The Hague, Martinus Nijhoff, 1968.

LANGER, Ullrich, *Divine and Poetic Freedom in the Renaissance. Nominalist Theology and Literature in France and Italy*, Princeton, Princeton University Press, 1990

LANGER, Ullrich, *Perfect Friendship. Studies in Literature and Moral Philosophy from Boccacio to Corneille*, Genève, Droz, 1994.

LEAKE, Roy D., David et Alice, *Concordance des Essais de Montaigne*, Genève, Droz, 1981.

LECOINTE, Jean, *L'idéal et la différence. La perception de la personnalité littéraire à la Renaissance*, Genève, Droz, 1993.

LEGROS, Alain, "Les *ombrages* de Montaigne et d'Augustin", in *Bibliothèque d'Humanisme et Renaissance*, 55 (1993), pp. 547-563.

LEVAO, Ronald, *Renaissance Minds and their Fictions. Cusanus, Sidney, Shakespeare*, Berkley - Los Angeles - London, University of California Press, 1985.

LEVI-STRAUSS, Claude, *Histoire de Lynx*, Paris, Plon, 1991.

LIBERA, Alain de, *Introduction à la mystique rhénane d'Albert le Grand à Maître Eckhart*, Paris, O.E.I.L., 1984.

LIMBRICK, Elaine, "Le scepticisme provisoire de Montaigne: étude des rapports de la raison et de la foi dans l'*Apologie*", in *Montaigne et les Essais. 1580-1980*, éd. François Moreau, Robert Granderoute, Claude Blum, Paris - Genève, Champion - Slatkine, 1983, pp. 168-178.

LIMBRICK, Elaine, “Métamorphose d’un philosophe en théologien” in *Montaigne. ‘Apologie de Raimond Sebond’. De la ‘Theologia’ à la ‘Théologie’*, éd. par Claude Blum, Paris, Champion, 1990, pp. 229-246.

LOSSKY, Vladimir, “La notion des ‘Analogies’ chez Denys le Pseudo-Areopagite”, in *Archives d’Histoire Doctrinale et Littéraire du Moyen Age*, 5 (1930), pp. 279-304.

LOSSKY, Vladimir, “Les éléments de ‘Théologie négative’ dans la pensée de saint Augustin”, in *Augustinus Magister. Congrès International Augustinien. Paris, 21-24 septembre 1954*, Etudes Augustiennes, supplément à l’“Année Théologique Augustinienne”, pp. 575-581.

LOSSKY, Vladimir, *Théologie négative et connaissance de Dieu chez Maître Eckhart*, Paris, Vrin, 1960.

LUCRECE, *De rerum natura*, éd. Cyril Bailley, Oxford - New York, Clarendon Press - Oxford University Press, 1962.

LUCRECE, *De rerum natura, libri VI, a Dion. Lambino Monstroliensi, litterarum Graecarum in urbe Lutetia doctore Regio, olim locis innumerabilibus ex auctoritate quinque codicum manu scriptorum emendati...*, Lutetiae, apud Ioannem Benenatum, 1570.

MACLEAN, Ian, “‘Le païs au delà’, Montaigne and Philosophical Speculation”, in *Montaigne. Essays in memory of Richard Sayce*, éd. I.D. McFarlane, Ian Maclean, Oxford, Clarendon Press, 1982, pp. 101-132.

MACLEAN, Ian, “Montaigne, Cardano, the Reading of Subtlety / the Subtlety of Reading”, in *French Studies*, 1 (1983), pp. 143-156.

MACLEAN, Ian, *Montaigne philosophe*, Paris, Puf, 1996.

MARCHI, Dudley M., *Montaigne among the Moderns. Reception of the* Essais, Providence - Oxford, Berghahn Books, 1994.

MARGOLIN, Jean-Claude, “Le rationalisme mystique de Charles de Bovelles”, *Nouvelle Revue du XVI*e *siècle*, 13/1 (1995), pp. 87-103.

MARGOLIN, Jean-Claude, “Sur *L’Art des opposés* de Bovelles”, in *Logique et littérature à la Renaissance*, éd. Marie-Luce Demonet-Launay et André Tournon, Paris, Champion, 1994, pp. 5-16.

MASSAUT, Jean-Pierre, *Critique et tradition à veille de la réforme en France*, Paris, Vrin, 1974.

MCKINLEY, Mary, "L'accomplissement de l''Apologie de Raimond Sebond': esthétique et théologie", in *Bulletin de la Société des Amis de Montaigne*, 13-16 (1988-1989), pp. 55-65.

MEIER-OESER, Stephan, *Die Präsenz des Vergessenen. Zur Rezeption der Philosophie des Nicolaus Cusanus vom 15. bis zum 18. Jahrhundert*, Münster, Aschendorff, 1989.

MENAGER, Daniel, "L'ironie dans l'*Apologie*", in *Montaigne. 'Apologie de Raimond Sebond'. De la 'Theologia' à la 'Théologie'*, éd. Claude Blum, Paris, Champion, 1990, pp. 247-259.

MERSENNE, Marin, *Vérité des Sciences contre les sceptiques ou Pyrrhoniens*, Paris, Toussaint du Bray, 1625.

MILLET, Olivier, *La première réception des* Essais *de Montaigne (1580-1640)*, Paris, Champion, 1995.

MONTAIGNE, Michel de, *Journal de Voyage*, éd. François Rigolot, Paris, Puf, 1992.

MONTAIGNE, Michel de, *Les Essais*, éd. Pierre Villey, Verdun-L. Saulnier, Paris, Puf, 1965.

MONTAIGNE, Michel de, *Les Essais. Reproduction photographique de l'édition originale de 1580*, éd. Daniel Martin, Genève - Paris, Slatkine - Champion, 1976.

MONTAIGNE, Michel de, *Les Essais. Reproduction photographique du livre troisième de l'édition originale de 1588*, éd. Daniel Martin, Genève - Paris, Slatkine - Champion, 1987.

NICOLAS DE CUSA, *De li non aliud. Nicholas of Cusa on God as Not-Other*, éd. par Jasper Hopkins, Minneapolis, University of Minnesota Press, 1987.

NICOLAS DE CUSA, *Haec Accurata Recognitio Trium Voluminum, Operum Clariss. P. Nicolai Cusae*, éd. Jacques Lefèvre d'Etaples, Paris, Badius Ascensius, 1514 [reprod. photographique Frankfurt-am-Main, Minerva G.m.b.H., 1962].

NICOLAS DE CUSA, *Introduction to the Philosophy of Nicholas of Cusa*, éd. Jasper Hopkins du *Trialogus de Possest*, Minneapolis, University of Minnesota Press, 1978.

NICOLAS DE CUSA, *Nicholas of Cusa on Learned Ignorance. A Tanslation and an Appraisal of De Docta Ignorantia*, éd. Jasper Hopkins, Minneapolis, The Arthur J. Banning Press, 1981.

NICOLAS DE CUSA, *Nicholas of Cusa's Dialectical Mysticism. Text, Translation, and Interpretative Study of De Visione Dei*, éd. Jasper Hopkins, Minneapolis, The Arthur J. Banning Press, 1985.

NICOLAS DE CUSA, *Œuvres choisies*, éd. Maurice de Gandillac, Paris, Aubier, 1942.

NICOLAS DE CUSA, *Opere filosofiche*, éd. Graziella Federici-Vescovini, Torino, Unione Tipografico-Editrice, 1972.

NICOLAS DE CUSA, *Sermones*, in *Opera omnia*, éd. Rudolf Haubst, Martin Bodewing, Hamburg, in aedibus Felicis Meiner, 1977-, t. 16-17.

NICOLAS DE CUSA, *Trialogus de possest*, éd. Jasper Hopkins, *A Concise Introduction to the Philosophy of Nicholas of Cusa*, Minneapolis, University of Minessota Press, 1978.

NICOLAS DE CUSA, *Werke* éd. Paul Wilpert, Berlin, Walter de Gruyter et Co, 1967.

O'BRIEN, Denis, "Le non-être dans la philosophie grecque: Parménide, Platon, Plotin", in *Etudes sur le "Sophiste" de Platon*, éd. Pierre Aubenque, S.l., Bibliopolis, 1991, pp. 317-364.

OCKHAM, Guillaume, *Opera Philosophica et Theologica, Opera Theologica*, St. Bonaventure, N.Y., Editiones Instituti Franciscani, Universitatis S. Bonaventurae, 1977.

OCKHAM, Guillaume, *Summa Logicae [Ockham's Theory of Propositions. Part II od the Summa Logicae]*, éd. Alfred J. Freddoso, Henry Schuurman, Notre Dame - London, University of Notre Dame Press, 1980.

OCKHAM, Guillaume, *Summa Logicae [Ockham's Theory of Terms. Part I od the Summa Logicae]*, éd. Michael J. Loux, Notre Dame - London, University of Notre Dame Press, 1974.

OCKHAM, Guillaume, [attribué à], *Tractatus de principiis theologiae*, éd. L. Baudry, Paris, Vrin, 1936.

O'ROURKE, Fran, *Pseudo-Dionysius and the Metaphysics of Aquinas*, Leiden, New York, Köln, 1992.

OZMENT, Steven, “Mysticism, Nominalism and Dissent”, in *The Pursuit of Holiness in Late Medieval and Renaissance Religion*, éd. Charles Trinkaus, Heiko A. Oberman, Leiden, E. J. Brill, 1974, pp. 67-92.

PASCAL, Blaise, *Œuvres complètes*, éd. Jacques Chevalier, Paris, Gallimard, 1954.

PAULUS VENETUS, *Logica Parva*, éd. Alan R. Perreiah, München, Philosophia Verlag GmbH, 1984.

PIC DE LA MIRANDOLE, Gianfrancesco, *Examen Vanitatis doctrinae gentium, et veritatis Chistianae disciplinae* [Mirandola, Ioannes Mazochius, 1520].

PIC DE LA MIRANDOLE, Jean, *De hominis dignitate. Heptaplus. De ente et uno*, éd. Eugenio Garin, Firenze, Vallecchi Editore, 1942.

PIERRE D’ESPAGNE, *Language in dispute* [*Summulae logicales*], trad. Francis P. Dinneen, S.J., Amsterdam - Philadelphia, John Benjamins Publishing Comapny, 1990.

PLINE, *Histoire naturelle*, éd. H. Rackham, W. H. S. Jones, D. E. Eichholz, London - Cambridge, Mass., William Heinemann - Harvard University Press, 1951 - 1975.

POPKIN, Richard H., *The History of Scepticism from Erasmus to Descartes*, Assen, VanGorcum, 1960.

PROCLUS, *Commentaire sur la République*, éd. A. J. Festugière, Paris, Vrin, 1970.

REGOSIN, Richard L., “Nemo’s Descent: The Rhetoric of Presence in Montaigne’s *Essais*”, *French Forum*, 2 (1988), pp. 153-166.

RENAUDET, Augustin, *Préréforme et Humanisme à Paris pendant les premières guerres d’Italie,1494-1517*, Paris, Champion, 1916.

RICE, Eugene F., “Jacques Lefèvre d’Etaples and the Medieval Christian Mystics”, in *Florilegium Historiale. Essays Presented to Wallance K. Ferguson*, Toronto, Toronto University Press, 1971, pp. 89-124.

RICE, Eugene F., éd., *The Prefatory Epistles of Jacques Lefèvre d’Etaples and Related Texts*, New York, London, Columbia University Press, 1972.

RIGOLOT, François, "Editing Montaigne's Translation of Sebond's *Theologia*: which Latin Text Did the Translator Use?", *Montaigne Studies*, 1-2 (1995), pp. 53-67.

RIGOLOT, François, "La *Pente* du "repentir": Un exemple de remotivation du signifiant dans les *Essais* de Montaigne", in *Columbia Montaigne Conference Papers*, éd. Donald M. Frame et Mary B. McKinley, Lexington, Ky., French Forum, 1981, pp. 119-134.

ROQUES, René, *L'univers dionysien. Structure hiérarchique du monde selon le Pseudo-Denys*, Paris, Aubier, 1954.

SANCHEZ, Francisco, *Quod nihil scitur*, éd. Andrée Comparot, Paris, Klincksieck, 1984.

SCHOOCK, Martinus, *De scepticismo...*, Gronigae, ex officinam Henrici Lussinck, 1652.

SCHMITT, Charles B., *Gianfrancesco Pico della Mirandola, 1469-1533 and his Critique of Aristotle*, The Hague, Martinus Nijhoff, 1967.

SCHMITT, Charles B., "The Rediscovery of Ancient Skepticism in Modern Times", in *The Skeptical Tradition*, éd. Myles Burnyeat, Berkeley - Los Angeles - London, University of California Press, 1983, pp. 225-336.

SCREECH, Michael Andrew, *Montaigne and Melancholy: the Wisdom of the Essays*, Selinsgrove, Pa. - Cranberry, N. J., Sesquahanna University Press - Associated University Press, 1984.

SEBON, Raymond, *La théologie naturelle*, Rouen, Jean de la Mare, 1641.

SEXTUS EMPIRICUS, *Outlines of Pyrrhonism [Hypotyposes]*, éd. R. G. Bury, London - Cambridge, Mass., William Heinemann Ltd - Harvard University Press, 1961.

SILHON, Jean de, *De l'immortalité de l'âme...*, Paris, P. Billaine, 1634.

SILHON, Jean de, *Le ministre d'Estat. Troisième partie. De la certitude des connaissances humaines*, Amsterdam, Antoine Michels, 1662.

SILHON, Jean de, *Les deux veritez de Silhon, l'une de Dieu, et de sa providence, l'autre de l'immortalité de l'Ame*, Paris, Laurent Sonnius, 1626.

SIMONIN, Michel, "*Rhetorica ad lectorem*: lecture de l'avertissement des *Essais*", in *Montaigne Studies*, 1 (1989), pp. 61-72.

STRUEVER, Nancy S., "Metaphoric Morals: Ethical Implications of Cusa's Use of Figure", in *Archéologie du signe*, éd. Lucie Brind'Amour et Eugene Vance, Papers in Medieval Studies, no. 3, Toronto, Pontifical Institute of Medieval Studies, 1982, pp. 305-334.

TOURNON, André, "Le grammairien, le jurisconsulte, et l''humaine condition'", *Bulletin de la Société des Amis de Montaigne,* 21-22 (1990), pp. 107-118.

TOURNON, André, "Le maniement logique de l'illogisme, de Montaigne à Verville", in *Logique et littérature à la Renaissance*, éd. Marie-Luce Demonet-Launay et André Tournon, Paris, Champion, 1994, pp. 219-234.

TOURNON, André, *Montaigne: la glose et l'essai*, Lyon, Presses Universitaires de Lyon, 1983.

TOURNON, André, "Self-Interpretation in Montaigne's *Essais*", *Yale French Studies*, 64 (1983), pp. 51-72.

VEISSIERE, Michel, *L'évêque Guillaume Briçonnet (1470-1534)*, Provins, 1986.

VILLEY, Pierre, *Les sources et l'évolution des Essais de Montaigne*, Paris, Hachette, 1933.

WATTS, Pauline Moffitt, *Nicolas Cusanus. A Fifteenth-Century Vision of Man*, Leiden, E. J. Brill, 1982.

WEIER, Reinhold, *Das Thema vom verborgenen Gott von Nikolaus von Kues zu Martin Luther*, Münster, Verlag Aschendorff, 1967.

WINTER, Ian, "Form, Reform, and Difformity in Montaigne's 'Du repentir'", *Montaigne Studies*, 2 (1991), pp. 200-207.

WINTER, Ian, "L'emploi du mot 'forme' dans les *Essais* de Montaigne", in *Montaigne et les Essais. 1580 - 1980*, éd. François Moreau, Robert Granderoute, Claude Blum, Paris - Genève, Champion - Slatkine, 1983, pp. 261-268.

ZUM BRUNN, Emilie, *Le Dilemme de l'Etre et du Néant chez saint Augustin. Des premiers dialogues aux "Confessions"*, Paris, Etudes Augustiniennes, 1969.

INDEX DES NOMS PROPRES

Cet index ne comprend pas les noms propres inclus dans les titres des ouvrages.

INDEX DES OUVRAGES ANCIENS

Cet index ne comprend que les ouvrages édités avant 1800.

INDEX DES PASSAGES DES *ESSAIS* CITES OU COMMENTES

TABLE DES MATIERES

IMPRIM'VERT®

Achevé d'imprimer par Corlet,
Condé-en-Normandie (Calvados),
en Mai 2022
N° d'impression : 176133 - dépôt légal : Mai 2022
Imprimé en France